JN098771

松嶋隆弘
大久保拓也 ［編］

# 商事法講義 4
## 会社法演習

Commercial law 4

中央経済社

# は し が き

1．本書は，一行問題や簡潔な事例問題により会社法の全体像を学ぶことを目的とした会社法の演習書であり，われわれ2名の共編による商事法講義シリーズの続巻として刊行されるものである。

　商事法講義シリーズは，幸いにして読者に受け入れられ，版を重ねつつあるところ，『商事法講義1』が対象とする会社法に関しては，対象領域の膨大さから，4単位の大学の講義でその内容を講義しつくすことが困難になりつつある。また会社法の学習は，資格試験等各種試験対策上も重要であり，十分に時間を割くことが必要である。そこで多くの大学では，会社法について，6〜8単位にしたりするところも増えている。ただ，少なくとも現時点では，大学間で取扱いのばらつきが多いようである。

2．本書は，クセがないスタンダードなテキストであるという商事法講義シリーズの特色を維持しつつ，上記の多様な状況に対応するための1つの解として，企画された。すなわち，本書は，4単位の講義を前提としている『商事法講義1（会社法）』の頁数を抑えつつ，会社法の膨大さ，重要性に対応するため，会社法に関する一行問題，比較的簡単な事例問題とそれらの解説を会社法の体系に即して配置し，会社法に関するドリル的学習による知識の定着と応用力の涵養を図ろうとしている。

　実際に，司法試験，予備試験において出題される会社法の問題は，複雑な事例問題も多く，難解である。読者は，本書で知識を確かなものとすることで，司法試験や予備試験で出題される複雑な事例問題に取り組むための力を蓄えることが可能になる。つまり本書は，『商事法講義1』と前記演習書とを架橋する意図を有している。

　本書は，限られた文字数に多くの情報を盛り込みながら全体の頁数を増やさないため，文献の引用は最小限にとどめた。本書の執筆にあたっては，江頭憲治郎教授の『株式会社法（第8版）』，神田秀樹教授の『会社法（第24版）』，龍田節教授・前田雅弘教授の『会社法大要（第3版）』，黒沼悦郎教授の『会社法（第2版）』，伊藤靖史教授・大杉謙一教授・田中亘教授・松井秀征教授の『会社法（第5版）』，髙橋美加教授・笠原武朗教授・久保大作教授・久保田安彦教授の『会社法（第3版）』，田中亘教授の『会社法（第3版）』等から多くのお教えを受けている。学説の詳細については，これらの教科書のほか，『会社法判例百選』等を参考に補充して欲しい。

3．本書の刊行に際しては，中央経済社編集部・露本敦様に大変お世話になった。当初，独立した演習書として企画された本書が，商事法講義シリーズに組み入れられたのは，露本さんからのご示唆によるものである。

　われわれとしては，本書が同シリーズの他の巻と併せ，読者と共に育っていくことを強く願っている次第である。

　令和 5 年 2 月吉日

松嶋　隆弘

大久保拓也

# ■目　次

# I　会社法総論

# II　会社の資金調達

# Ⅲ　会社の機関

◆役員の選任・解任

◆取締役の義務と責任

◆取締役会・代表取締役

# Ⅳ 設立・解散と組織再編

## 凡例

会：会社法
会規：会社法施行規則
計規：会社計算規則
商：商法
振替：社債，株式等の振替に関する法律（振替法）
民：民法
民訴：民事訴訟法
民保：民事保全法

＊

民集：最高裁判所民事判例集
裁判集民事：最高裁判所裁判集民事
高民：高等裁判所民事判例集
下民：下級裁判所民事裁判例集
金法：金融法務事情
金判：金融・商事判例
ジュリ：ジュリスト
商事：旬刊商事法務
判時：判例時報
判タ：判例タイムズ

＊

相澤・一問一答：相澤哲編著『一問一答　新会社法〔改訂版〕』（商事法務，2009年）
相澤＝葉玉＝郡谷・論点解説：相澤哲＝葉玉匡美＝郡谷大輔編著『論点解説　新・会社法－千問の道標』（商事法務，2006年）
伊藤ほか：伊藤靖史＝大杉謙一＝田中亘＝松井秀征『会社法（LEGAL QUEST〔第5版〕』（有斐閣，2021年）
江頭：江頭憲治郎『株式会社法〔第8版〕』（有斐閣，2021年）
会社法コンメ：江頭憲治郎＝森本滋編集代表『会社法コンメンタール』（商事法務，2008年～2021年）
神田：神田秀樹『会社法〔第24版〕』（弘文堂，2022年）
黒沼：黒沼悦郎『会社法〔第2版〕』（商事法務，2020年）
商事法講義（1）：松嶋隆弘＝大久保拓也編『商事法講義（1）会社法〔第2版〕』（中央経済社，2023年）
髙橋ほか：髙橋美加＝笠原武朗＝久保大作＝久保田安彦『会社法〔第3版〕』（弘文堂，

　　2020年）

龍田＝前田：龍田節＝前田雅弘『会社法大要（第3版)』（有斐閣，2022年）

田中：田中亘『会社法〔第3版〕』（東京大学出版会，2021年）

論点体系：江頭憲治郎＝中村直人編著『論点体系　会社法』（第一法規，2021年）

　　　　＊

百選：神作裕之＝藤田友敬＝加藤貴仁編『会社法判例百選〔第4版〕』別冊ジュリスト254巻（2021年）

# I 会社法総論

◆会社の法人性・社団性

◆株式会社の基本概念

◆持分会社

◆会社の法人性・社団性

# Ⅰ-1　法人格否認の法理

> 法人格否認の法理について論じなさい。

〔論点〕
・法人格否認の法理の意義と機能はなにか。
・法人格否認の法理が適用されるための判例上の要件はなにか。

## 1　法人格否認の法理とは

　会社は法人格を有しており（会3条），本来は株主・取締役・従業員などからは独立した法主体である（講学上，法人の「分離原則」とも呼ばれる）。では，株式会社Yの一人株主である自然人Aがいたとして，Y社の実質的なオーナー経営者とも言えるAが個人的に負っている債務を免れるために，その隠れ蓑にY社を利用した場合はどうなるか。

　基本的にはAとY社は別人格であるため，取引上，Y社が負った債務については，株主であるAが直接的に責任を負うことはない（有限責任の原則。Ⅰ-4を参照）。ところが，債権者などの取引の相手方からみれば，A＝Y社であると信じていたのに，Aに対して債務の履行などを求めることができない（法人格の独立性を形式的に貫く）となると，正義・衡平の観点から妥当とはならないケースもある。このような場合に，当該事案限りで，会社とその背後にいる株主らを同一視する（上記の例ではAとY社を同一視する）ことで解決を図るのが法人格否認の法理である。なお，あくまでも当該事案限りでの解決であるため，会社の解散命令（会824条）のような形成判決が得られるわけではなく，法人格の否認が裁判により認められたとしても対世効はない。

　法人格否認の法理が適用されるケースとしては，上述したような会社の実質的なオーナー経営者（多くは一人株主）に対する直接的な責任追及を認める場合をはじめ，取引の相手方が実質的なオーナー経営者と会社との異別性を判別できなかった場合の保護法理（表見法理）として適用されるものが多くみられる。その他，親子会社関係がある場合において，子会社が親会社の一営業部門に過ぎないような場合においても適用されることもある。もっとも，法人格否認の法理は，判例上認められた一般法理

により解決を図るものであり，その実定法上の根拠としては信義則（民1条2項）・権利濫用（民1条3項）・会社の法人性を定めた規定（会3条）の解釈などに委ねざるを得ず，要件・効果が明確にされているわけではない。

## 2　法人格の濫用

　法人格否認の法理が適用される場面の一つが，法人格が濫用されている場合である（最判昭和44年2月27日民集23巻2号511頁）。法人格が濫用されている場合とは，法人格が会社の背後者の意のままに支配的に利用されており，かつ，法人格を支配している者に違法不当な目的がある場合とされる（最判昭和48年10月26日民集27巻9号1240頁参照）。

　法人格の濫用に該当し得るケースとしては，競業避止義務等の不作為義務を負っている者がその義務を免れるために会社の法人格を利用する場合（大村簡判昭和47年9月25日判時694号109頁，名古屋高判昭和47年2月10日高民25巻1号48頁等参照），倒産局面にある会社が強制執行を免れるために営業資産を新たに設立した会社に移転する場合（前掲最判昭和48年10月26日），不当労働行為の目的のもと子会社を解散させる場合（徳島地判昭和50年7月23日労働関係民事裁判例集26巻4号580頁）などが挙げられる。

## 3　法人格の形骸化

　法人格が形骸化した場合とは，株式会社形態が「藁人形」に過ぎず，個人＝会社と評価される状況であり，株式会社が株主の個人事業である状態で，取引の相手方にとって個人事業主と背後にある株式会社との違いが判別できないケースとされる（前掲最判昭和44年2月27日）。

　法人格の形骸化が認められた判例では，税金対策のために個人企業によって設立された株式会社において，当該個人企業主が賃貸借契約の相手方と締結した和解契約が背後にある株式会社に及ぶとされた（前掲最判昭和44年2月27日）。その他，法人格が形骸化していると判断される要素としては，取締役会や株主総会が一切開かれていない，会社財産と株主・経営者の財産の区別がつかないといった事情が挙げられよう。

## 4　判例の問題点

　「法人格の濫用」と「法人格の形骸化」が法人格否認の法理が適用されるための判例上の要件である。しかしながら，どのような場合がこれらの要件に該当するのかは判例によって必ずしも明らかとされておらず，そもそも「法人格の濫用」と「法人格の形骸化」とに分類して解決する手法にも懐疑的な見解が多くなっており，近時は法人格否認の法理の要件の再構成が学説により模索されている。

　また，必ずしも法人格否認の法理によらなくても解決できるケースが少なくないことも無視できない。例えばオーナー経営者が取締役であれば第三者責任（会429条）

による責任追及も可能であるし，倒産局面にある会社がその営業資産を他の会社に移転させる場合も詐害行為取消権（民424条）や場合によっては濫用的会社分割の問題として処理することもできよう。

　手続法との関連においては，法人格否認の法理が実体法上適用されたとしても，既判力や執行力の拡張が認められるかが問題となる。最高裁は，既判力の拡張を否定し（前掲最判昭和44年2月27日），執行力の拡張も否定する（最判昭和53年9月14日判時906号88頁）。なお，第三者異議訴訟の原告の法人格について，執行債務者に対する強制執行を回避するための目的で濫用されている場合については，上記の原告は執行債務者との法人格が別異であることを主張して強制執行の不許を求めることはできない（最判平成17年7月15日民集59巻6号1742頁）。

〈類題〉

・法人格否認の法理と役員等の対第三者責任（会429条1項）の役割の違いについて論じよ。

〔宮﨑　裕介〕

◆会社の法人性・社団性

# Ⅰ－2　定款記載の目的と会社の権利能力

> 定款所定の目的と会社の権利能力との関係について論ぜよ。

〔論点〕
・具体的な会社の行為が定款所定の目的の範囲に含まれるかどうかの判断基準。
・会社の政治献金は定款所定の目的の範囲内のものであるか。

## 1　定款所定の目的に関する議論の経緯

　平成18年改正前民法43条は，「法人ハ法令ノ規定ニ従ヒ定款又ハ寄附行為ニ因リテ定マリタル目的ノ範囲内ニ於テ権利ヲ有シ義務ヲ負フ」と定めていた。この規定は公益法人を直接の対象とするものであったため，会社にも類推適用されるか否かが議論されてきた。判例は，同条が類推適用されるとの立場をとりつつ，取引の安全の確保の観点から，目的の範囲を拡大して解釈をすることとしてきた（大判明治36年1月29日大審院民事判決録9輯102頁ほか）。学説では，かつては判例と同様の立場が多数説であったが，平成18年民法改正前の段階では，同条の類推適用を否定する立場が支配的であった。

　平成18年の法人法制の整備に際して，公益法人に限らず法人一般についての通則として，民法34条では「法人は，法令の規定に従い，定款その他の基本約款で定められた目的の範囲内において，権利を有し，義務を負う。」と規定している。本条は，すべての法人の権利能力が定款所定の目的によって制限される趣旨を示すものと解される。立法論としては批判があるものの（会社法コンメ(1)80頁〔江頭憲治郎〕等），会社は法人の一種であることから，その権利能力は定款所定の目的の範囲に制限され（会27条1号・576条1号），会社の具体的な行為について定款所定の目的の範囲に含まれるかどうかが問題となる。

## 2　判例における定款所定の目的に関する規定の解釈

　判例も，定款所定の目的に関する規定を弾力的に解釈することによって，会社が定款上の目的の範囲外の取引を行い，後にそれが会社にとって不利益であると判明すると定款条項を盾に相手方に取引の無効を主張することを認めず，取引の安全を害しない対応をしている。

　最判昭和27年2月15日民集6巻2号77頁は，A社団は，B家の財産を保全するために設立された合資会社であり，その定款所定の目的は，「不動産その他財産を保存し，これが運用利殖を計ること」であったところ，A社団の無限責任社員であるCが，A社団の財産である本件建物をX（原告・控訴人・上告人）に売却し，Xが，この売却以前から本件建物に居住しているY1〜Y4（被告・被控訴人・被上告人。いずれもB家に属する）に対し，本件建物の明渡しを求めた事案である。最高裁判所は，「定款に記載された目的自体に包含されない行為であっても目的遂行に必要な行為は，また，社団の目的の範囲に属するものと解すべきであり，その目的遂行に必要なりや否やは，問題となっている行為が，会社の定款記載の目的に現実に必要であるかどうかの基準によるべきではなくして定款の記載自体から観察して，客観的に抽象的に必要であり得べきかどうかの基準に従って決すべきものと解すべきである。」としたうえで，「A社団の定款に定められた目的……からして，直ちに，……本件建物の売買は……目的の範囲外の行為であると断定することは正当でない。財産の運用利殖を計るためには，時に既有財産を売却することもありうることであるからである。のみならず，仮に定款に記載された目的自体に包含されない行為であっても目的遂行に必要な行為は，また，社団の目的の範囲に属するものと解すべきであ」るとして，会社の目的を達成するために必要な行為も目的の範囲に含まれると解している。

　また，会社の政治献金については，最大判昭和45年6月24日民集24巻6号625頁は，前掲最判昭和27年2月15日等を引用したうえで，「会社による政治資金の寄附は，客観的，抽象的に観察して，会社の社会的役割を果たすためになされたものと認められるかぎりにおいては，会社の定款所定の目的の範囲内の行為であるとするに妨げない」と判示した。

## 3　会社の内部関係における定款所定の目的の範囲

　会社内部での定款所定の目的からの逸脱は，取締役等の忠実義務違反に基づく損害賠償請求（会355条・419条1項・423条1項），取締役等の行為の差止請求（会360条・385条・407条1項），役員の解任（会854条1項。339条2項参照）などの場面において問題となる。定款所定の目的に関する規定を柔軟に解釈する必要があるのは，取引の安全を図るためであるから，会社内部の関係においては，本来の目的に即して合理的にその範囲を解釈すべきである。

〈類題〉

・定款所定の目的により，代表機関の代表権限は制限されるかについて論ぜよ。

〔小野寺　千世〕

◆株式会社の基本概念

# Ⅰ－3　少数派株主の保護

> 少数派株主の保護について論ぜよ。

〔論点〕

・資本多数決により問題となる多数派株主による少数派株主の権利の濫用。
・株主平等原則等の会社法上のいくつかの制度による，総合的に少数派株主を保護する機能。

## 1　少数派株主の保護の必要性

　株式会社は社員（構成員）たる株主の数に制限はなく，個性のない多数の者の参加を募ることで資金調達を容易にすることができる。このように多数の参加を予定していることから，株式会社における株主の意思は，株主総会決議における議決権の行使を通じて，多数決をもって会社に反映されることになる。ただし，会社法は議決権につき「その有する株式一株につき一個の議決権」とする規定（会308条1項）を設けており，株主の頭数による多数決ではなく（例外的に頭数が基準になる場合もある），保有する株式の数による多数決を採用している。これを資本多数決という。

　資本多数決によって，株主による意思決定を全員一致で行うことで生ずるデメリットを避けることができ，さらに，大きな利害を有する大株主が自ら情報を収集することで会社の価値を高めるような判断をすることが期待できるようになる。このような資本多数決による結果は，通常，少数派株主も含めた株主全体の利益とも合致する可能性が高いと考えられる。

　しかしながら，株式会社において株主間には人的関係がなく，そのような株主らが行う株主総会決議は原則として資本多数決により行われることから，多数決の濫用による少数派株主に対する搾取が問題となる。これは，株主総会決議を通じた意思決定の場面において，常に生じうる問題であるが，特にキャッシュ・アウトのような組織再編における少数派株主や企業グループにおける子会社の少数派株主の保護は，とくに大きな問題として認識されている。そこで会社法は，株主平等原則の明文規定（会109条1項）を置くと共にいくつかの具体的な制度によって少数派株主の保護を図ろうとしている。

## 2　株主平等原則と少数派株主保護

　会社法は，株主は，株主としての資格に基づく法律関係について，その有する株式の内容および数に応じて平等の取扱いをうけることを原則とする。これを株主平等原則という。従来は明文の規定はなかったものの，会社法上の原則とされていた。平成17年に会社法文上に明記されたことで，株式の内容が同一である限り数に応じて同一の取扱いがなされる「株式の平等」が明らかとなった。「持株が多い株主は，多いなりに，少ない株主も，少ないなりに」平等に扱われることになるため，資本多数決の濫用の場面で少数派株主を保護する作用を持ち，ひいては株式投資を促す機能をもつことになる。

## 3　株主総会における少数派株主の保護

　資本多数決より多数派株主による少数派株主の搾取の問題が生ずる場面に対処するため，会社法は少数派株主に会社経営や経営の監督・是正に関与する一定の権利（単独株主権や少数株主権）を認めている。そしてこれらの規定が全体として機能することで，多数決の濫用に対処することが想定されている。

　例えば，少数派株主の利益を保護する必要が大きい組織再編の場面においては，株式買取請求権（会785条等）が重要な役割を果たす。すなわち，組織再編に反対する少数派株主は，会社に対して公正な価格で保有する株式を買い取るよう求めることができ，会社から退出する機会が保障されることになる。

　その他にも，少数派株主を含む株主は，株主総会決議の効力に関する訴えを起こすことができる。株主総会決議の手続の瑕疵や著しく不当な決議により少数派株主が害される危険がある場合には，株主総会決議取消の訴えの制度（会831条1項3号）があり，決議内容に法令違反がある場合には株主総会決議の無効確認の訴え（会830条2項）や，株主総会決議の不存在確認の訴え（会830条1項）の制度がある（田中亘編著『数字でわかる会社法〔第2版〕』（有斐閣，2021年）210-214頁）。

　取締役の選任決議の場面においては，少数派株主が自らの代表者を取締役として選任する余地を与える制度として，累積投票制度（会342条）も用意されている。しかし株主間の対立が取締役会に持ち込まれ，経営が混乱する可能性があるため，実際には多くの会社において定款により累積投票制度は排除されている。また，少数派株主が訴えを通じて役員の解任を求める制度（会854条）も設けられている（前掲・田中編著214頁）。

　とりわけ非公開会社においては，株主は経営に参加することを望む場合が多く，特に少数派株主の取締役への選任を確保することが重要な問題となる。非公開会社においては定款自治が株主に広く認められているので，定款によって少数派株主の経営参加を保証することができるように工夫できるようになった。定款により株式に譲渡制

限を付けたり，クラス・ボーティング制度を導入することもその１つの手段である。また，株主間契約の一種としての議決権拘束契約なども実務上好まれるという。

〈類題〉

・多数派株主が少数派株主の権利を害するような定款変更をすべく，株主総会特別決議をおこなった場合，株主平等原則にもとづき無効となるかについて論ぜよ。

〔品川　仁美〕

# I－4　債権者の保護

株式会社における債権者の保護について論ぜよ。

〔論点〕
・会社債権者の保護の必要性。
・会社債権者の保護として機能するルール。

## 1　会社債権者の保護の必要性

　株式会社は，株式制度と有限責任制度（会104条）を組み合わせることで，社会に散在する遊休資本を結集し，もって資本を結集した大規模経営を可能にするシステムである。すなわち，社員たる株主の地位（株式）が細分化された割合的単位の形をとり，これを広く一般投資者に提供し，資本を結集する際に，当該出資者の負うべき責任を出資の範囲に限定することで（有限責任），出資をしやすくなっているのである。

　しかし，このことは他面において，会社倒産時のリスクが株主から会社債権者に転嫁されることを意味する。有限責任の結果として，会社債権者が，会社倒産時において引き当てとすることができるものが，会社財産だけになるからである。

　そのため，株式会社においては，会社債権者を保護する必要性が生じてくる。そして，このことは，「法人成り」により中小規模の株式会社が多数生じているわが国の会社法において，特に問題となってくる。

## 2　会社債権者の保護のためのルール

　会社法は，会社債権者の利益を保護するための一定の規律を設けている。それらは，事前の規制と事後の規制とに分けることができる。

(1)　**事前の規制について**　　事前の規制としては，以下のものがある。第1に，資本金の制度である。株式会社制度において，資本金は，その額を超える貸借対照表上の純資産額（資産から負債を控除した額）が資本金および法定準備金その他，会社法の定める額の合計を超える純資産が存在するときに限り，株主に対して剰余金の配当など会社財産の給付を可能にするという，配当計算上の尺度としての意義を持つ。これは，資本金額に相当する財産を会社に維持させることで，当該財産からのみ弁済を受けることとなる会社債権者を保護すること（資本維持の原則による債権者の保護），

言い換えれば，株主の有限責任原則を採用するための担保的措置を目的としたものである。

　また，資本金の額は，会社債権者の保護手続（債権者異議手続）を経なければ減少させることができないとされ（会449条。資本不変の原則による債権者の保護），安易な減資に前記の会社財産確保の仕組みが無に帰さないように仕組まれている。

　なお，最低資本金制度（2005年の会社法制定前は，株式会社につき資本金の額は1,000万円，有限会社については300万円を下ってはならないとする規定があった）は，2005年の会社法制定時に起業のための障害になるとの批判があり廃止された。ただし，会社債権者の保護の観点から，最低資本金規制を免除する代償として，株式会社の純資産額が300万円を超過しなければ配当することができない（会458条）。

　第2に，計算書類等の開示制度である。開示制度の機能として，利害関係者への情報の提供，利害関係者の権利行使の実質化（合理的な判断に基づく行使を可能にする），不正の抑止といったことを挙げることができるとされる。すなわち，資本金の制度は，一定額以上の純資産のない株式会社が株主に会社財産を分配することを禁ずるだけであるから，会社に事業上の損失が出ておれば，純資産は資本金の額を下回り得るし，場合によってはマイナスの金額（債務超過）にもなり得る。したがって，会社債権者または会社と取引しようとする相手方は，会社の実際の債務状態を知る必要がある。そこで，株式会社は，貸借対照表・損益計算書等を含む計算書類等を本店等に備え置いて株主や会社債権者といった利害関係者の閲覧に供し（会442条），かつ，特例有限会社を除く株式会社は，貸借対照表等もしくはその要旨を公告することを，法によって強制される（会440条）。

(2)　**事後の規制について**　　次に事後的規制としては次のものがある。第1に，株主の有限責任が正義・衡平に反する場合に，裁判所は，事案の衡平な解決を図るため「法人格否認の法理」を適用し，それを排除するケースもある。学説では，株式会社の「倒産隔離機能」を強調すると，中小零細の個人企業における会社債権者の保護に欠けることとなっており，会社債権者を保護するために，特に会社倒産時に責任追及をするための法的枠組みとして，法人格否認の法理が必要であるとされる（大久保拓也「法人格否認の法理(1)実体法の立場から」法律のひろば75巻12号〔2022年〕56頁）。どのような場合に法人格否認の法理が妥当するかについては，最高裁の判例（最判昭和42年2月27日民集23巻2号511頁）によれば，①法律の適用を回避するために法人格が濫用されている場合と，②法人格が形骸化している場合の2つの類型があるとされている。もっとも，法人格否認の法理に対しては，その要件に不明確性が指摘される。すなわち，「法人格の濫用」以外の場合にも法人格否認の法理を適用することは妥当であるが，その要件として「法人格の形骸化」のように債権者保護との関係が不

明なものも含む法人形式無視の諸徴表を数え立てることは，要件の適切性を疑わせる。むしろ，①契約相手方に対し契約当事者が誰であるかを誤認させる，または契約相手方に対し会社債務につき株主が責任を負うとの信頼を惹起させる等（外観信頼の保護の必要），②事業リスクに比し過小な資本の出資（東京地判昭和49年6月10日判時753号83頁），③会社・子会社から株主・親会社への利益移転（株主・会社間の高賃料の資産賃貸借契約等を通ずる会社・子会社の搾取）など，会社債権者を保護すべき実質的理由を明確に示す要件の下に，同法理の適用はなされるべきであると解されている（江頭46-47頁）。

　加えて，第2に，取締役その他の役員等（会423条1項）が，債権者に対して損害賠償責任を負う場合もある（会429条1項）。典型的には，会社が倒産に瀕した時期に取締役が返済見込みのない金銭借入れ，代金支払の見込みのない商品購入等を行ったことにより契約相手方である第三者（会社債権者）が被る損害（直接損害）である。学説では，そのような場合における取締役の会社に対する任務懈怠に当たる理由は，債務超過またはそれに近い状態の株式会社は，株主が有限責任の結果失うものがないためイチかバチかの投機に走りやすいこと，および営業を継続すれば取締役への報酬等の支払等により会社の財務状況はますます悪化すること等から，会社債権者の損失拡大を阻止するため取締役には再建可能性・倒産処理等を検討すべき義務が善管注意義務として課されているからであるとされる。

〈類題〉

・株式会社の債権者を保護するためにどのような規定を会社法は置いているか，それらの法制度の存在意義について論ぜよ。

〔王　学士〕

◆持分会社

# Ⅰ－5　株式会社との比較

株式会社と持分会社との異同について論ぜよ。

【論点】

・株式会社と持分会社において，構成員が負う責任についてどのような違いがあるのか。
・有限責任事業組合は，特別法に基づく組合で法人格はないため，組合名義で財産を取得できないが，組合自体が課税されることはないので二重課税の問題は避けられるか。

## 1　持分会社とは

　会社法にいう会社には，株式会社のほかに合名会社，合資会社，合同会社が含まれる（会2条1項）。株式会社を除く3種の会社を総称して持分会社という（会575条）。株式会社の構成員は株主と呼ばれ，その地位は株式という細分化された割合的単位の形をとる。これを市場に公開することで，広く投資家から資金を集めるための仕組みである。一方，持分会社の構成員は社員といい，その地位については，株式会社のような工夫はされていない。いわば「裸のままの社員権」であり，これを持分という。持分会社は，比較的少人数の閉鎖的なメンバーシップ制の事業形態をとる。

　持分会社は会社であるため，株式会社と同様に法人格を有する社団法人であり（会3条），営利を目的とするという共通点はあるものの，株式会社より，出資者たる社員間の自治が果たす役割が大きいため，どちらかというと民法上の組合と類似点が多い。

## 2　持分会社と株式会社の違い

　上記のように持分会社は株式会社というより，民法上の組合に近い特徴を持つ。具体的には，株式会社と比較して，以下のような特徴がある（黒沼379頁，田中25-26頁）。

　①社員に対し，原則として業務執行権が与えられている（会590条1項）。持分会社は構成員（社員）と経営が未分離であり，この点で構成員である株主と経営者の分離（所有と経営の分離）が前提となっている株式会社とは異なる。民法上の組合の場合，

組合の事業活動は組合員自身が行うことが予定されている（民670条）ことから，持分会社は組合に類似している。

②誰が社員であるかという人的要素が重視されるため，持分の譲渡が厳しく制限されている。株式会社からの退出は，原則，株式を譲渡することで行うとされており，それゆえに株式は譲渡自由が原則になっている。しかし持分会社において社員が持分を譲渡する際には，原則，他の社員全員の承諾が必要である（会585条1項）。構成員の交代は重要な影響を及ぼす可能性があるからである。

③持分会社は，会社の運営に対する法の規制が少なく，定款自治が広く認められている（会590条・591条・622条）。会社の内部関係である社員間及び社員・会社間の規律は定款に委ねられており，構成員間で自由に決定することができる。

④投下資本回収の方法として退社による持分の払戻しが緩やかに認められる。持分会社において，退社した社員は，持分の払戻しを受けることができる（会611条）。

## 3　持分会社の社員の責任

3種の持分会社は，社員の責任が有限責任か，無限責任かによって区別される。

合名会社は，社員全員が無限責任を負う会社である（会576条2項）。無限責任とは，会社財産で債務を弁済できないような場面で，会社の債権者に対し，社員が連帯して会社債務の弁済責任を限度額なく負うことである（会580条1項）。

次に，合資会社は，社員の責任が無限責任である者と有限責任である者が存在する会社である（会576条3項）。合資会社の有限責任社員は，その出資した価額，すなわち定款に記載した出資額までは会社の債務を弁済する責任を負う（会580条2項）。

最後に，平成17年に誕生した合同会社（Limited Liability Company）は，定款自治が広く認められると同時に，有限責任社員のみで構成された（会576条4項）会社である。合同会社は，小回りがきき，組織設計の自由度を確保することができる持分会社である一方，人的資産を萎縮させず活用するため，株式会社と同様に有限責任が確保されているという特徴がある（商事法講義(1)264頁）。

なお，民法上の組合については，組合債務について無限責任を負う（民427条・675条2項）。

## 4　持分会社と有限責任事業組合

合同会社はアメリカのLLCをモデルにしたものだが，アメリカのLLCでは，法人として課税されず構成員にのみ課税されるパススルー課税が採用されている。この点が特に好まれ，日本への合同会社の導入が進められたが，法人格があれば法人課税を受けるとの解釈は根強く，パススルー課税は認められなかった。したがって合同会社は，税制面において，株式会社と同様に法人課税と構成員課税の二重課税を負う。

会社法に基づく合同会社の導入と同時期に，これと類似する制度として，有限責任

事業組合法に基づいて有限責任事業組合（Limited Liability Partnership：LLP）が認められた。有限責任事業組合は，合同会社と同じように，出資者である組合員間で柔軟に内部関係を決めることができる（内部自治）。

　また，通常，組合は無限責任を負うものだが，有限責任事業組合は，組合組織であるにもかかわらず，特例として，出資者全員が有限責任（有限責任事業組合契約に関する法律15条）を負うことが認められている。このように特例を設けるため，債権者保護の措置が置かれた。例えば，登記をする必要があるとか，組合契約の各当事者の出資の履行を組合契約の効力発生要件とする（同法3条1項）とか，組合財産の分別管理義務（同法20条）等である。一方で有限責任事業組合と株式会社の大きな違いは，有限責任事業組合は「組合」であるため，「法人格」は存在しないという点に尽きる。この点以外は合同会社も有限責任事業組合も大きな違いはない（商事法講義(1)264頁）。法人格がないので，当然，課税は組合員に直接行われる。そして合同会社が達成出来なかったパススルー課税が適用される。

〈類題〉

・合同会社と同様に，有限責任事業組合は，内部自治が認められ，社員は有限責任を
　負うとされるが，両者の違いについて論ぜよ。

〔品川　仁美〕

# Ⅱ　会社の資金調達

◆株式の性質と属性

◆新株発行規制

◆株式の譲渡

◆自己株式

◆社債

◆その他

## Ⅱ-1 株主平等原則

> 株主平等の原則について論ぜよ。

〔論点〕────────────────────────────
・株主平等原則の趣旨および意義は何か。
・一定数以上の株式を有する株主のみを,「株主優待制度」の対象とすることが株主
　平等の原則違反となるか。
・「属人的定め」の制度について株主平等原則の趣旨による規制の当否。
───────────────────────────────────

### 1　問題の所在

　株主は,株主たる資格に基づく法律関係においては,その有する株式の内容および数に応じて平等の取扱いを受けるべきであるという原則が認められている(会109条1項)。そして,同条2項に定める非公開会社における異なる取扱いは,株主平等原則の例外である。また,株主ごとに異なる取扱いをする定めは,種類株式とは異なるが,会社法第2編(株式会社),第5編(組織変更,合併,会社分割,株式交換,株式移転および株式交付)の適用においては,こうした異なる取扱いをされる株主は,それぞれが,異なる種類の株式の種類株主であるとみなされる(同条3項)。会社法109条1項の「数に応じて」という文言が「持株に応じた平等」を定めたことから考えると,この原則は,支配株主による多数決濫用や取締役等による恣意的な権限行使から一般株主を保護する機能を有するものと解される(江頭134頁)。すなわち,株主総会や取締役会において多数決で可決された事項でも,それが株主平等の原則に反する場合には,その決議の効力が否定されることになる。もっとも,一定数以上の株式を有する株主に対して,会社が自社のサービスを利用できる優待券を付与したり,自社製品等を提供したりする株主優待制度や,非公開会社における属人的な特別取扱いの許容範囲などに株主平等原則の趣旨が及ぶかが問題となる。

### 2　株主平等原則の意義

　株主平等原則に関しては,従来は法律に明文の規定はない。株主平等原則は,立法技術的な要請(持分均一主義)に基づいて認められるべきものであり,もしも同原則が存在しないと,株主と会社との法律関係や株式の譲渡等を合理的に処理できなくな

り，長い目で見れば，誰も安心して株式会社に株主として投資（出資）できなくなる（神田77頁）。このような株主平等原則の機能に鑑みると，同原則は絶対のものではなく，合理的な理由に基づく一定の区別をすることがすべて禁じられるわけではない。

この原則の意味は，各株式の内容が同一である限り，株主はその有する株式の数に応じて同一の取扱いがされるべきであるということである。それは，第1に，株主平等原則は，各株式の「内容に応じて」平等に取り扱うように求めているため，種類株式発行会社が，株式の内容の違いに応じて，種類株主間で異なる取扱いをすることは同原則に反せず，第2に，株主の平等といっても頭数の平等ではなく，「その有する株式の……数」に応じた平等であるから，保有株式に応じて，株主総会の議決権は増大するし（会308条1項），受け取れる剰余金の配当額も増加することになる（会454条3項）。そして，株式ごとに異なる取扱いをする旨の定め（会109条2項）は，権利内容等の異なる株式発行が認められる場合（会108条1項）とは異なり，保有株式の種類とは無関係な，属人的な特別扱いを認めるものである。そうすると，法が例外を認める場合を除いて（会109条2項・3項），この意味での株主平等の原則に反する定款の定め，株主総会の決議，取締役会の決議等は，会社の善意・悪意にかかわらず，無効である。

### 3　株主平等原則に関する諸問題

(1)　**株主優待制度について**　　上場会社の多くが，毎事業年度の一定の時期に，株主に対して会社の事業に関連する便益を付与する株主優待制度を実施している場合が多いが，その内容は，通常，株式数に応じて取り扱われているわけではない（例えば，1,000株以上保有の株主には商品券5枚，1万株以上保有の株主には商品券10枚とするなど）。株主平等原則との関係がしばしば議論されるが，学説の多くは，優待の程度が軽微であること，株式会社の経営政策上の合理的必要性があること，制度の内容が相当程度に周知されていること，といった理由に基づくものであれば，一般にこれを適法とし，必ずしも同原則に違反するものではない，という立場をとっている。

また，株主優待制度は，現物配当規制との関係も問題となりうる。株主優待制度の趣旨・目的，優待の内容・方法・効果などを総合的に考慮した上で，それが配当の性格を有すると認められるときは，株主優待としての商品・サービスの提供は剰余金配当規制（会453条）に服すべきである。

(2)　**「属人的定め」について**　　非公開会社において「属人的定め」を設ける定款の有効性を認める理由としては，非公開会社にはより広い定款自治が認められるべきであることや，株主の個性に着目した定款の定めを認めても特段の不都合はないことなどが挙げられる。

もっとも，どのような差別的な内容の属人的定めを置いても，規制を受けないわけ

ではない。近時の地裁判決は，閉鎖型のタイプの株式会社において，実質的には支配株主が少数株主の締出しのために属人的定めを利用したことが疑われる事案において，属人的定めにも「株主平等原則の趣旨による規制が及ぶ」とし，「差別的取扱いが合理的な理由に基づかず，その目的において正当性を欠いているような場合」や，「手段の必要性や相当性を欠くような場合には，そのような定款変更をする旨の株主総会決議は，株主平等原則の趣旨に違反するものとして無効になるというべきである」との判断基準を示したうえで，敵対的な株主が存在すると経営の意思統一が図られないとして議決権や剰余金の配当という差別的な取扱いをした決議は，原告株主を被告会社の経営から実質的に排除し，原告株主の財産的犠牲の下に，取締役による被告会社の経営支配を盤石ならしめる目的で行われるものであるといわざるを得ず，その内容が株主平等原則の趣旨に反し無効であるとした（東京地立川支判平成25年9月25日金判1518号54頁）。

〈類題〉

・一定数の株式を保有する株主に対し会社の事業に関連する便益を付与する株主優待制度が株主平等原則に違反するかについて論ぜよ。

〔王　学士〕

◆株式の性質と属性

# Ⅱ-2　株主への利益供与の禁止

> 株主の権利行使に関する財産上の利益供与禁止について論ぜよ。

〔論点〕
・株主の権利行使に関する利益供与の禁止範囲。
・株主の権利行使と利益供与との関連性。
・違法な利益供与の法的効果。

## 1　利益供与禁止の制度趣旨

　株式会社は何人（株主とは限らない）に対しても，「株主の権利の行使に関し」，ある株式会社または子会社の「計算において」（経済的負担で），「財産上の利益の供与」（その種類は問われない）をしてはならず（会120条1項），違反して利益の供与を受けた者は会社に対する返還義務を負う（同条3項。刑事責任につき会970条）。また，当該財産上の利益の供与は，株主の権利行使と関連性を有するものでなければならない。実務上，当該利益供与が株主の権利行使関連性を有することの立証は困難であるため，特定の株主に対する無償（有償でも会社の受けた利益が著しく少ない場合は同様）の財産上の利益を供与したとき，株主の権利行使関連性が推定される（会120条2項）。なお，利益供与に関与した取締役（指名委員会等設置会社にあっては，執行役を含む）は，供与額を返還すべき責任を負い無過失責任とされる（会120条4項）。

　株主権の行使を経営陣に都合のよいように操作する目的で会社財産が浪費されることを防止し，会社経営の公正性・健全性を確保する趣旨であると解される。こうした利益供与規制は，沿革的には，昭和56年商法改正により，総会屋対策を主眼として会社から総会屋への資金の流れを断つために設けられたものである。もっとも，文言上は総会屋以外への利益供与にも適用でき，現在では，その趣旨は株主の権利行使の公正の確保その他広く会社運営の健全性ないし公正の確保であることが現在の通説である。利益供与の禁止に関する裁判例のうち，解釈上特に問題となることが多いのが，会社法120条1項の「株主の権利の行使に関し」の要件である。

## 2　利益供与と株主の権利行使関連性についての判断

　まず，上場会社の従業員持株会制度における会員従業員に対する株式取得のための

積立金に対する会社による奨励金の支給が挙げられる。福井地判昭和60年３月29日判タ559号275頁は，従業員持株会の制度設計上，持株会会員の保有する株式の議決権行使に，会社経営者の意思を反映させる方法はないことなどを重視して，利益供与が株主の権利行使に関することの推定は覆されるとして，利益供与禁止規定への該当性を否定した（なお，特定の株主に対する交付基準を超過した数の株主優待乗車券の交付が利益供与に当たらないとするのは，高松高判平成２年４月11日金判859号３頁）。

　近時，会社の支配権争いがある以下のような事例において，会社法120条の適用が争われる裁判例が相次いでいる。例えば，会社が，第三者に対し敵対的買収者からその保有株式を譲り受けるための資金を提供したり，第三者の借入れの保証をしたことが，株主権の行使に関してなされた利益供与であるかどうかが問題となった事案において，最判平成18年４月10日民集60巻４号1273頁〔蛇の目ミシン工業事件〕は，「会社から見て好ましくないと判断される株主が議決権等の株主の権利を行使することを回避する目的で，当該株主から株式を譲り受けるための対価を何人かに供与する行為」は，株主の権利行使に関する利益供与にあたるとした（なお，相続人が会社にとって好ましくない株主ではなかったとして，会社法120条１項違反ではない事例として，東京高判平成22年３月24日資料版商事法務315号333頁がある）。

　また，利益供与に基づく議決権行使による総会決議の瑕疵を争う場面でも問題とされることがある。例えば，株主総会における有効な議決権行使を条件として株主１名につきQuoカード１枚（500円）を贈呈した事例について，東京地裁は以下のように判示する。株主への利益供与は，会社法120条により原則として禁止されるが，例外的に①その目的が，株主の権利行使に影響を及ぼすおそれのない正当な目的であり，かつ，②その金額が社会通念上許容される範囲のものであり，会社の財産的基礎に影響を及ぼすものでないときには，違法性のないものとして許容される場合がある。本件での500円のQuoカード１枚の贈呈は，②の金額に関する要件を満たすが，①の目的については，会社提案に賛成する議決権行使を獲得することを目的としたものであって，正当な目的とはいえず，①の要件を満たさず，同法120条に違反するとして，総会決議を取り消した（東京地判平成19年12月６日判タ1258号69頁）。

　学説において総会屋以外の事案につき会社法120条の適用を認めた裁判例の結論については，肯定的に評価するものが多数であった。解釈論として，会社法120条１項を文言通りに形式的に解釈すると，規定の適用範囲は相当に広くなってしまうので，同規定の趣旨に即した合理的な解釈により適用範囲を適切に決定すべきであると説く見解や，総会屋以外の忠実義務違反の問題とされる事案の多くは，取締役の忠実義務違反の問題であるところ，利益供与該当性で決着させるより取締役の信認義務の解釈を通じて調整するほうが適切である等が主張されている。

## 3　違法な利益供与の法的効果

(1)　**民事責任について**　　株式会社が利益供与の禁止規定（会120条１項）に違反して財産上の利益供与をしたときは，当該利益を受けた者は，これを株式会社または子会社に返還しなければならない（同条３項）。なお，利益の供与を受けた者は，当該会社または子会社に対して当該利益と引換えに給付したものがあるときは，その返還を受けることができる（同条３項後段）。

　また，利益供与に関与した取締役（指名委員会等設置会社では執行役を含む）は，供与した価額に相当する額を会社に連帯して支払う義務を負うが，職務を行うにつき注意を怠らなかったことを証明すれば，責任を負わない（会120条４項）。このような責任を免れることができる者は，利益の供与が取締役会の決議に基づいて行われたときは，決議に賛成した取締役，取締役会に議案を提案した取締役および執行役であると解される（会則21条２号）。株主総会決議に基づくときは，議案を提案した取締役，提案に同意した取締役，総会議案の提案が取締役会決議に基づくときは提案の決定に賛成した取締役，株主総会で当該利益の供与に関する事項について説明した取締役および執行役であると解される（会則21条３号）。会社が利益供与をしたことについて，上述のように関与した取締役等は，支払責任を負うが，これらは，総株主の同意がなければ，免除することができない（会120条５項）。そして，これらの責任追及には，株主代表訴訟が認められ，株主が会社のため訴えを提起することができる（会847条１項本文）。

(2)　**刑事責任について**　　利益供与規制に違反して利益供与を行った者，情を知って（株主の権利行使に関して会社または子会社の計算でなされる供与であることを認識しながら）その利益の供与を受けた者，または要求した者には，刑事罰が科される（会970条１項〜３項）。利益の受供与または要求が威迫を伴う場合には，刑が加重される（同条４項）。さらに，これらの罪を犯した者には，情状により，懲役および罰金を併科することができる（同条５項）。また，「不正の請託」（株主等に対し違法または著しく不当な権利の行使・不行使を依頼すること）を受けて財産上の利益を収受し，またはその要求・約束をした者，当該利益を供与し，またはその申込み・約束をした者にも，より重い刑事罰が科される（会968条）。最決昭和44年10月16日刑集23巻10号1359頁は，会社の役員等が，経営上の不正や失策の追及を免れるため，株主総会における公正な発言または公正な議決権の行使を妨げることを株主に依頼して，これに財産上の利益を供与することは，「不正の請託」に当たるとした。

〈類題〉

・株主への利益供与に関する取締役の責任について論ぜよ。

〔王　　学士〕

◆株式の性質と属性

# Ⅱ－3　準共有

株式の準共有について論ぜよ。

〔論点〕

・株式の共有に関する会社法106条と権利行使者による権利行使方法の規制。
・権利行使者の決定方法に関するルール。
・株主に対する通知・催告の規制。

## 1　株式の共有と会社法106条

　株式は数人で共有（株式は所有権ではなく株主地位または株主権であるから民法264条の準共有）することができる。これは，組合による株式所有（民668条）や共同相続（民898条。最判昭和45年7月15日民集24巻7号804頁）等によって生ずる。

　会社法は，株式が2以上の者の共有に属するときは，共有者は，当該株式についての権利を行使すべき者1人を定め，会社に対し，その者の氏名または名称を通知しなければ，当該株式についての権利を行使することができない（会106条本文）と定める。すなわち，議決権等の株主の権利は，この権利行使者において行使させる必要がある（最判昭和45年1月22日民集24巻1号1頁）。会社法106条ただし書は，株式会社が当該権利を行使することに同意した場合は，この限りでないと定める。これは，権利行使者の指定・通知を求めるのは，会社の事務処理上の便宜のためであるにすぎないので，同条本文に定める権利行使者の指定・通知の方法以外の方法で株式共有者が権利行使をすることに対して，会社が同意することを認めるものである。しかし，会社の同意がある場合であっても，その権利の行使が民法の共有に関する規定に従ったものでないときは，当該権利の行使は適法となるものではないと解されている（最判平成27年2月19日民集69巻1号25頁）。例えば，ある株式共有者が，2で後述する権利行使者の決定手続をとらずに共有株式について権利行使をした場合には，会社の同意があったとしても，株主総会決議取消しの訴え（会831条）の対象になる。

　もっとも，共同相続人による権利行使者が未定で会社に対する通知がない場合でも，「特段の事情」がある場合には，株主としての権利行使が認められることもある（最判平成2年12月4日民集44巻9号1165頁〔株主総会決議不存在確認の訴えの原告適

格〕，最判平成3年2月19日判時1389号140頁〔合併無効の訴えの原告適格〕）。

　なお，権利行使者1人を定めて会社に通知したときは，その者が共有株式の議決権の正当な行使者となるので，共有者間で総会の決議事項について逐一合意を要するとの取決めがあった場合であっても，権利行使者は自己の判断に基いて議決権を行使できるとするのが判例の立場である（最判昭和53年4月14日民集32巻3号601頁）。

## 2　株式の共有と権利行使者の指定

　権利行使者の指定については明文の規定がないため，解釈に委ねられており，全員一致説と過半数説の対立がある。前説は，準共有者全員の合意をもって行う必要があるとする（江頭125頁）。紛争事例の大半を占める中小企業の支配株主の共同相続のケースでは相続人間に会社支配権の争奪をめぐって争いがあるような場合に，少数持分権者の利益が完全に無視されるからである（準共有株式は遺産分割が確定するまでの暫定的状態にすぎず，権利行使を凍結してでも相続人間における遺産協議という本来的処理を促そうとするものである）。後説は，共有物の管理行為であるから持分価格にしたがって過半数で決すべきである（民252条）とする（田中127頁）。共有者の1人でも反対すればその他の共有者は権利行使ができないからである。

　判例は，共同相続における準共有者間の権利行使者の指定についても，相続分に応じて持分の過半数で決することができるとする（最判平成9年1月28日判時1599号139頁，前掲最判平成27年2月19日。この影響は，共同相続状態で株式の4分の3の法定相続分をもつ者からの会計帳簿閲覧請求権仮処分を認めた裁判例（東京高決平成13年9月3日金判1136号22頁，最判平成16年7月1日民集58巻5号1214頁）等にもみてとれる。なお，わずかの差で過半数を占めた被事業承継者側による権利行使者の決定について，権利濫用とした裁判例もある（大阪高判平成20年11月28日判時2037号137頁）。

## 3　株主に対する通知・催告

　株式が2以上の者の共有に属するときは，共有者は，会社が株主に対してする通知・催告を受領する者1人を定め，会社に対し，その者の氏名・名称を通知する（会126条3項）ため，会社はその者に対して通知・催告をすることになる。もっとも，そのような共有者からの通知がない場合には，会社は共有者のうちの1人に対してすればよい（同条4項）。

〈類題〉

・A社の創業者B（全株式保有）が死亡し（配偶者Cはすでに死亡），その子D・E・Fが相続した。遺産分割協議がまとまらない中，D・E・Fは，A社株式の権利行使者につき協議したが，合意に至らなかった。しかし，EとFが権利行使者をEとすることに合意し，その旨をA社に通知した。Eによる権利行使は認められるか論ぜよ。

〔大久保　拓也〕

## Ⅱ－4　種類株式

種類株式について論ぜよ。

〔論点〕
・種類株式の意義。
・種類株式の発行手続。
・種類株主間の利害調整（種類株主総会）。

### 1　種類株式の意義

会社法は，その必要に応じて，会社が株主の権利の内容が異なる株式を発行することを認めている（会108条1項）。これは，株主間で経済的な需要や経営の関与に対するニーズが必ずしも一致しているわけではないことから，会社が株主の多様なニーズに応じて資金調達できることを趣旨としている。たとえば，株主が（議決権を通じた）経営への関与よりも剰余金の優先配当などに関心が高かった場合，会社は他の種類株式に優先して剰余金の配当が受けられるものの，議決権の一部（または全部）を制限した株式などを発行できる。このように，株主（全体）が会社に対して有している権利について，持株比率とは異なるかたちで，株主間で配分することを可能にする。株主平等原則との関係をいえば，会社法109条1項の文言から，会社は株式の内容に応じて株主を平等に取り扱えばよいので，株式の内容自体には株主平等原則は及ばないと一般的には解されている。

会社法108条1項各号が定める事項であれば，基本的には自由に組み合わせてさまざまな内容の種類株式を発行することが可能である。ただし，会社法上，剰余金の配当と残余財産の分配を受ける権利のどちらも与えないような種類株式は発行できず（会105条2項），内容によっては発行できない種類株式も存在する。ところで，会社法108条1項各号に定める事項について内容の異なる2以上の種類株式が定款上規定されている会社を「種類株式発行会社」という（会2条13号）。会社法上，種類株式発行会社であるためには複数の種類株式が実際に発行されている必要はない（会184条2項）。そのため，1種類の株式のみを発行している会社であっても，定款で別の種類株式について規定していれば，種類株式発行会社に該当する。

## 2　種類株式の発行手続

　種類株式を発行するには，実際に発行することに先立って，定款であらかじめ種類株式の内容と発行可能種類株式数を定めておかなければならない（会108条2項）。この定款変更手続は，原則として特別決議であるとされているが（会309条2項11号・466条），後述するように，株主の利益保護の観点から，種類株主全員による同意や種類株主総会の決議が必要とされる場合がある（会111条1項等）。また，種類株主に対して株式買取請求権が与えられる場合もある（会116条1項各号等）。

　会社による機動的な資金調達を可能にするため，一定の重要事項以外は，定款で内容の要綱のみを定めることとし，より具体的な内容については，実際にその種類株式を発行するまでに，株主総会または取締役会の決議によって定めることができるとされている（会108条3項，会規20条1項）。もちろん，種類株式の発行は募集株式の発行に該当することから，それに関する会社法上の規制を受ける。そして，株主になろうとする者が不測の損害を被らないように，種類株式の内容を登記しなければならない（会911条3項7号）

## 3　種類株主間の利害調整（種類株主総会）

　会社が複数の種類株式を発行している場合，異なる種類の株主間の利害調整が必要となることがある。会社法は，各種類の株主を構成とする種類株主総会を開催することによって，種類株主間の利害調整を図っている。種類株主総会には，会社法の規定に基づき開催する法定種類株主総会および種類株式の内容に関する定款の定めに基づき開催される任意種類株主総会がある。前者は，株式の種類の追加や株式の内容の変更（取得条項付株式とする場合を除く）など会社法322条1項各号所定の行為を行う場合で特定の種類株式の株主に損害を及ぼすおそれがある場合および会社法111条2項・199条4項など個別の規定が定める行為を行う場合に求められる種類株主総会を指す。他方で，後者は，取締役・監査役選任権付種類株式を発行した場合（会108条1項9号）のように，種類株式の内容に関する定款の定めに基づいて開催される場合の種類株主総会をいう。そして，このような種類株主総会は，会社法に規定する事項および定款に定めた事項に限って決議できるとされており（会321条），定款に別段の定めがある場合を除いて，その種類株式の総株主の議決権の過半数を有する株主が出席し，出席株主の議決権の過半数をもって行われるのが原則である（会324条1項）。

〈類題〉

・種類株式の発行手続と種類株主間の利害調整について論ぜよ。

・種類株式と株主平等の原則との関係について論ぜよ。

〔林　孝宗〕

# Ⅱ-5　募集株式の発行

> 募集株式の発行等に関する手続について論ぜよ。

〔論点〕
・募集株式を発行等する場合には，会社法上，どのような手続をとる必要があるのか。
・募集株式を発行等した場合に支配権の異動が生じる場合の手続。

## 1　問題の所在

　会社が資金調達のために募集株式を発行する場合や自己株式を処分する場合には，会社法上どのような手続をとる必要があるのだろうか。会社法は，募集株式の発行等を行う場合には，その会社が公開会社（会2条5号）であるか，非公開会社であるかによって手続を異ならせている。また，募集株式の発行はビジネスの速度に対応した資金調達という観点から迅速に行う必要がある一方で，既存株主の持株比率の低下や場合によっては株価の下落といった事態が生じ得ることから，その既存株主をどのように保護すべきか，ということが問題となる。

## 2　非公開会社における募集株式の発行等の手続

　その会社が発行している株式の全部に譲渡制限が付されている場合，その会社を非公開会社という。非公開会社が，募集株式を発行等する場合，その発行する株式等を引き受ける者の募集をしようとするときには，募集事項（会199条1項各号）を決定しなければならない（会199条1項）。そして，この募集事項の決定は，株主総会の特別決議によらなければならない（同2項，309条2項5号）。ただし，株主総会の特別決議によって募集事項の決定を取締役または取締役会に委任することもできる（会200条1項）。このように非公開会社において，募集株式の発行等につき株主総会の特別決議が要求されているのは，資金調達の機動性よりも既存株主の保護が重視されているからである。

　なお，後述するように，公開会社においては募集事項につき株主に対して通知または公告しなければならないとされているが（会201条3項・4項），非公開会社の場合には，そのような定めは置かれていない。なぜならば，上記の株主総会を開催するに当たり，招集通知に募集事項が記載されているからである。

### 3　公開会社における募集株式の発行等の手続

　他方で，公開会社の場合には，資金調達の機動性という観点から，募集事項は，取締役会において決定する（会199条2項・201条1項）。この背景には，授権資本制度がある。授権資本制度とは，会社設立時における設立時発行株式の数は，発行可能株式総数の4分の1を下回ることができないというものである（会37条3項）。これは，残りの4分の3までの分については，取締役会決議により機動的に資金調達することができるようにするためのものであり，資金調達の機動性の重視の下，既存株主に対しては一定程度の持株比率の低下を甘受させる制度ともいえる。しかし，あくまで既存株主の保護を資金調達の機動性に劣後させる制度であり，株価の下落をもたらし得るような，募集株式の有利発行の場合には，やはり株主総会の特別決議によらなければならない（会199条3項・309条2項5号）。

### 4　支配権の異動を伴う募集株式の発行が行われる場合の手続

　公開会社では取締役会決議により募集株式の発行を行うことができるが，授権資本制度の枠内であっても，一度に大量の募集株式を発行した場合には，既存株主が会社に対する支配権を失い，会社の経営の在り方に重大な影響を与える可能性がある。そこで，新たな引受人が株主となった場合に有することとなる議決権の数が総株主の議決権の数の2分の1を超える場合には，払込期日等の2週間前までに，既存株主に対し，その新たな引受人に関する情報を通知または公告しなければならない（会社206条の2第1項・2項）。そのうえで，当該通知等を受けた株主のうち総株主の議決権の10分の1位以上の議決権を有する株主が，当該募集株式の発行について，通知または公告の日から2週間以内に反対する旨を通知した場合には，株主総会の普通決議により募集株式の割当て等の承認を受けなければならない（会社206条の2第4項・5項）。ただし，当該会社の財産の状況が著しく悪化している場合において事業継続のため緊急の必要があるときは，株主総会決議は不要である（同4項但書）。この点，東京地判令和3年3月18日D1-Law29063578は，会社が緊急の必要があると考えて，株主総会決議を省略して支配権の異動を伴う募集株式の発行を行った事案で，緊急の必要性はなく，当該株主総会決議を欠いたままされた募集株式の発行は無効となると判示する。

〈類題〉
・株式会社が株主以外の者に対して募集株式を発行する場合の会社法上の問題について論ぜよ。
・会社設立時の株式の発行と，設立後の募集株式の発行の異同とその背景について論ぜよ。

〔南　健悟〕

## Ⅱ－6　現物出資規制

> 新株発行の場面における現物出資規制について論ぜよ。

〔論点〕

・新株発行における出資の履行は，どのように行われるか。

・現物出資の場合，金銭による払込みの場合とどのような違いがあるか。

・現物出資に関する手続規制はどのようなものか。

・現物出資に関して，関係者はどのような責任を負うか。

### 1　出資の履行

　新株発行を行うにあたり，その引受人が決まると（会206条），引受人は出資義務を負う。出資は金銭による払込み（会199条1項2号）のほか，募集事項にて金銭以外の財産の出資について定められた場合（同項3号）には，現物出資が行われる。

### 2　現物出資規制

(1)　**規制の趣旨**　　現物出資の場合，引受人は，払込期日または払込期間内に，払込金額の全額に相当する現物出資財産を給付しなければならない（会208条2項）。この場合に出資財産の価額が過大に評価されると，出資者間の不均衡が生じるほか，会社の財産的基礎を危うくし，会社債権者を害するおそれがある（商事法講義(1)60頁参照）。そこで，会社法は現物出資規制を定める（会207条）。

(2)　**手続規制―検査役の調査**　　会社は，現物出資がある場合には，募集事項の決定の後遅滞なく，現物出資財産の価額を調査させるため，裁判所に対し，検査役の選任を申し立てなければならない（会207条1項）。裁判所により選任された検査役は，必要な調査を行い，その結果を記載した書面等を裁判所に提供して報告をしなければならない（同条4項）。裁判所は，現物出資財産の価額を不当と認めたときは，これを変更する決定をしなければならない（同条7項）。この場合，引受人は，決定の確定後1週間以内に限り，引受けの申込みまたは総数引受契約にかかる意思表示を取り消すことができる（同条8項）。

(3)　**検査役の調査を必要としない場合**　　以下の場合，現物出資財産に関する検査役の調査は不要となる（会207条9項）。

① 割り当てる株式の総数が発行済株式総数の10分の1を超えない場合（同項1号）

② 現物出資財産の価額が500万円を超えない場合（同項2号）

③ 市場価格のある有価証券について，募集事項として定めた価額が市場価格を超えない場合（同項3号，会規43条）

④ 現物出資財産の価額が相当であることについて弁護士等の証明（不動産の場合，不動産鑑定士の鑑定評価も要する）を受けた場合（会207条9項4号）

⑤ 会社に対する弁済期の到来している金銭債権であって，募集事項として定めた価額が当該金銭債権の帳簿価額を超えない場合（同項5号）

　①②は小規模であり既存株主や債権者への影響が軽微であること，③④は評価額の客観性が一定程度保証されること，⑤は既存株主や債権者の利益を害するものではないことが，検査役の調査を不要とされる理由である（田中507頁）。⑤は，会社の再建等のために行われるデット・エクイティ・スワップ（DES，債務の株式化）を容易にするものであり，会社法制定時に新設された。

## 3　関係者の責任

⑴　**現物出資財産の価額が著しく不足する場合の引受人の責任**　　現物出資財産の価額が，募集事項において定められた価額に著しく不足する場合，引受人は，その不足額を支払う義務を負う（会212条1項2号）。既存株主の不利益の回復を目的とする（伊藤ほか341頁）。ただし，引受人が，その不足について善意無重過失である場合，引受けの申込みまたは総数引受契約にかかる意思表示を取り消すことができる（同条2項）。

⑵　**取締役等の不足額てん補責任**　　現物出資財産の価額が，募集事項において定められた価額に著しく不足する場合，関与した取締役等も不足額について責任を負う（会213条1項，会規44条～46条）。ただし，検査役の調査を経た場合や，その職務を行うについて注意を怠らなかった場合には，責任を負わない（会213条2項）。なお，現物出資財産の価額が相当であることを証明した者も，同様の責任を負う（同条3項。大阪高判平成28年2月19日判時2296号124頁参照）。

⑶　**出資の履行が仮装された場合の責任**　　引受人が，現物出資財産の給付を仮装した場合，引受人および取締役等は責任を負う（引受人につき会213条の2第1項2号，取締役等につき会213条の3第1項）。引受人の責任は無過失責任とされ，責任の免除には総株主の同意を要する（会213条の2第2項）。引受人は，当該給付等がされた後でなければ，株主の権利を行使することができない（会209条2項）。

〈類題〉

・会社設立の場面における現物出資規制について論ぜよ。

〔山本　将成〕

# Ⅱ－7　不公正発行

> 裁判所が不公正発行の判断基準として採用する主要目的ルールについて論
> ぜよ。

〔論点〕

・第三者割当てによる新株発行と問題点。

・新株発行の差止請求権と不公正発行の判断基準。

・裁判所による主要目的ルールの運用の変化について。

## 1　第三者割当てによる新株発行と問題点

　新株発行とは，すでに成立している会社が，資金調達のため新たに募集株式（募集に応じてこれらの株式の引受けの申込みをした者に対して割り当てる株式）を発行することをいう（会社法は，募集株式という語を用いているが，実務上も講学上も「新株発行」というので，以下，新株発行という語を用いることにする）。この新株発行には，既存株主にその持分比率に応じて新株を割り当てる株主割当て，特定の者に新株を割り当てる第三者割当て，不特定多数の者に新株の引受けを勧誘する公募の3種類がある。会社法上，公開会社である場合，（株主割当て以外の方法による有利発行の場合を除き）資金調達の機動性を重視し，定款に記載した発行可能株式総数の範囲内で，取締役会に新株発行の決定権限が与えられている（会200条1項・201条1項）。また，会社法上，会社が株式を引き受ける者を募集し，応募した者の中から自由に株式を割り当てることも認められている（会204条：割当自由の原則）。

　新株発行が第三者割当ての方法による場合，（議決権が伴っている限りにおいて）株式引受人以外の既存株主の持株比率・議決権比率を低下させ，その支配的利益を毀損する危険性がある。たとえば，ある既存株主は，一定の持株比率・議決権比率を維持することで，自らが適任者であると考える人物を取締役に選任することができるが，持株比率・議決権比率の低下が著しかった場合，取締役を選任できなくなる事態が生じる。この問題は，会社支配権を争っている状況下で，会社側が支配権維持を目的としていると窺われるような新株発行を行った場合に顕在化してくる。従来，このような株式発行に対して，既存株主は主に新株発行の差止請求権を利用することで対処し

てきた（会210条）。

## 2　新株発行の差止請求権と不公正発行の判断基準

　会社法上，新株発行の差止請求権は，会社が①法令・定款に違反する場合または②著しく不公正な方法によって新株発行を行い，かつ，これによって株主が不利益を受けるおそれがある場合に認められる（会210条1項）。この差止請求権は，実体法上の権利として定められていることから，裁判外での請求も可能であるが，実際のところは裁判上行使される。また，新株発行の効力が生じる時点までに権利行使することとなるが（会209条），本案訴訟では時間がかかり新株発行が行われてしまう可能性があるため，仮処分（仮の地位を定める仮処分）申請を行うことが通常であるとされている（民保23条2項）。

　会社法210条1項2号にある「著しく不公正な方法により行われた場合」の新株発行（以下，不公正発行という）とは，不当な目的を達成する手段によって新株発行が行われる場合を指すものといわれている。典型例としては，会社支配権をめぐる争いが生じた場合に，その支配権維持を目的とした新株発行がなされた場合が挙げられる。そこで，不公正発行の判断基準として，従来の通説は，資金需要がないにもかかわらず，支配目的をもって新株発行を行うことは不公正発行となるが，資金調達目的があるかぎりは，取締役会が誰に株式を割り当てるかは自由裁量であり，新株発行によって既存株主の持株比率が低下しても不公正発行にはならないと解していた（鈴木竹雄＝竹内昭夫『会社法〔第3版〕』〔有斐閣，1994年〕422頁ほか）。他方で，会社に資金需要がないと断定できる場合は稀であり，資金需要があるだけで不公正発行を否定してしまうことは妥当ではないとして，新株発行によって会社支配権の争いに影響を与えるような場合には不公正発行になるという見解も主張されていた（龍田節「企業の資金調達」竹内昭夫＝龍田節『現代企業法講座(3)』〔東京大学出版会，1985年〕21頁ほか）。

　裁判所は，新株発行が不公正発行であるか否かの判断基準として主要目的ルールという考え方を採用するに至っている。主要目的ルールとは，新株発行が行われるに至った種々の動機のうち，不当な目的を達成しようとする動機が他の動機に優越し，それが主要な主観的要素であると認められる場合には不公正発行になると判断するものである。具体的には，会社の資金調達目的と支配権維持の目的を比較衡量し，支配権維持の目的が優越していると認められるならば，新株発行の差止請求が認められると判断される。

　リーディングケースである東京地決平成元年7月25日判時1317号28頁（忠実屋・いなげや事件）は「株式会社においてその支配権につき争いがある場合に，従来の株主の持株比率に重大な影響を及ぼすような数の新株が発行され，それが第三者に割り当

てられる場合，その新株発行が特定の株主の持株比率を低下させ現経営者の支配権を維持することを主要な目的としてされたものであるときは，その新株発行は不公正発行にあたるというべきであり，また，新株発行の主要な目的が右のところにあるとはいえない場合であっても，その新株発行により特定の株主の持株比率が著しく低下されることを認識しつつ新株発行がされた場合は，その新株発行を正当化させるだけの合理的な理由がない限り，その新株発行もまた不公正発行にあたるというべきである。」と判示し，主要目的ルールの一般論を示したものとして理解されている。また，本決定は，学説上，会社の支配権維持が主要な目的であると認められなかったとしても，不公正発行となる場合があることを示した点でも評価されている（神田秀樹＝武井一浩『実務に効くM&A・組織再編判例精選』〔有斐閣，2013年〕84頁〔増田健一〕）。

## 3　裁判所による主要目的ルールの運用の変化について

　従来の裁判例は，会社の資金調達目的が認められた場合，支配権維持の目的が窺われたとしても，いずれが主要な目的であるのかを検討することなく不公正発行を認めない傾向にあった（論点体系(2)239頁〔山神理〕）。会社は，新規事業への進出などさまざまな事業機会を有しており，資金調達の必要性があるとの説明は何とでも付けられてしまうことから（髙橋ほか〔第2版〕299頁），不公正発行が認められることがほとんどなくなってしまう。このような裁判所の態度に対して，学説からの批判も少なくなく，会社支配権をめぐる争いが生じている場合に，大量の株式発行が第三者割当てによって行われた場合，会社支配権の維持目的が事実上推定され，会社側は，資金調達の必要性だけではなく，第三者割当てを必要とする事業目的について十分な合理性をもった説明を行わなければならないとする見解が有力に唱えられていた（洲崎博史「不公正な新株発行とその規制（2・完）」民商法雑誌94巻6号〔1986年〕23頁）。ただし，裁判所による主要目的ルールの運用も徐々に変化の兆しを示している。

　近時の裁判例は，支配権をめぐる争いが現に存在するか，株式発行が支配権をめぐる争いにどの程度の影響を与えるのか，資金調達目的その他の正当な目的が存在するか，その目的のために第三者割当てを行うことは合理的か，割当先は妥当であるかといった点を，事案に即して分析検討し，経営陣の主観的な内心の動機よりも株式発行がもたらす客観的効果に着目しながら株式発行の主要目的が何であるのかを外形的な諸事実から総合的に判断するようになってきている（増田・前掲89頁）。特に，裁判所は，資金調達の必要性について，①資金調達の一般的な必要性，②資金調達計画の実体性（資金の具体的使途），③資金調達方法の相当性（資金調達計画の合理性）を詳細に検討して不公正発行か否かを判断している。不公正発行が認められた裁判例のほとんどが具体的な資金使途があるか疑わしい事案であることから，②の資金調達の実体性の有無が不公正発行を認めるか否かの分岐点であるともいわれている（百選

197頁〔松中学〕）。

　たとえば，東京高決平成16年8月4日金判1201号4頁（ベルシステム24事件）は，会社の経営陣と対立している筆頭株主から取締役の変更を求める提案がなされた後，経営陣は業務提携による大規模な増資計画を立て，筆頭株主の持株比率を大幅に希釈化する第三者割当てが行われた事案で，裁判所は，筆頭株主の持株比率を低下させ，自らの支配権を維持する意図を有していたとの疑いが払拭できないとしつつも，業務提携交渉の経緯（業務提携先の会社から提案された事実等）やその具体的内容を検討した上で，資金調達の必要性と事業計画の合理性を認めて不公正発行ではないとして，株主による差止請求を認めなかった。

　他方で，東京地決平成20年6月23日金判1296号10頁（クオンツ事件）は，事実上の筆頭株主から一部の取締役について辞任要求がなされていた状況で，筆頭株主と対立する取締役会の多数派が，自らを支持する割当先に対して大量の第三者割当てを行った事案で，裁判所は，会社支配権をめぐる争いがある状況下で，会社側が資金使途として主張する社債権者に対する償還計画について，取締役会で議論した形跡がなく，具体的な計画もあったわけでもないとして，資金調達の一般的な必要性は認められるものの，それを合理化できる特段の事情があるとはいえず，会社による株式発行は不公正発行であると判断し，株主による差止請求を認めている。

　これまで説明してきたように不公正発行が問題となるのはもっぱら第三者割当ての場合であるが，株主割当ての場合であっても不公正発行が問題とならないわけではない。たとえば，会社側が，会社支配権を奪うために，支配株主に出資金を用意する時間的余裕を与えず株式の割当てを受ける権利を行使できないようにするため，不意打ち的に株主割当によって新株発行を行う場合には不公正発行に該当するとされている（髙橋ほか316頁）。

〈類題〉
・新株発行が「著しく不公正な方法により行われる場合」の判断基準について論ぜよ。
・不公正発行の判断基準である主要目的ルールについて，近時の裁判例の運用の変化も踏まえて論ぜよ。

〔林　孝宗〕

## Ⅱ－8　発行価額の算定

> 「公正な発行価額」の算定方法について論ぜよ。

〔論点〕
・上場会社における公正な発行価額の算定方法。
・価格が高騰している場合における公正な発行価額の意義。
・非上場会社における公正な発行価額の算定方法。

### 1　新株の有利発行規制と公正な発行価額の意義

　新株を「特に有利な金額」で発行する場合を有利発行という（会199条3項）。企業提携に際し行われることが多く、その場合通常は第三者割当てとしてなされる。有利発行の場合、募集事項の決定は、株主総会の特別決議によりなされなければならない（会200条1項・201条1項・309条2項5号）。加えて、株主総会において、当該払込金額でその者の募集をすることを必要とする理由が説明されなければならない（会199条3項）。

　公正な発行価額を下回るのが「特に有利な金額」であるから、結局問題となるのは、何が公正な発行価額かである。本来であれば、新株主・旧株主間の平等の見地からいって、新株主に旧株主と同等の資本的寄与を求めるべきものであり、この見地からする発行価額は旧株の時価と等しくなければならないはずであるが、他方で、新株を消化し資本調達の目的を達成することの見地からは、原則として発行価額を旧株の時価より多少引き下げる必要もまた否定できない。

　結局のところ、公正な発行価額は、両者の調和点に見いだされる。すなわち、「発行価額決定前の当該会社の株式価格、右株価の騰落習性、売買出来高の実績、会社の資産状態、収益状態、配当状況、発行ずみ株式数、新たに発行される株式数、株式市況の動向、これらから予測される新株の消化可能性等の諸事情を総合し、旧株主の利益と会社が有利な資本調達を実現するという利益との調和の中に求められるべきものである。」（最判昭和50年4月8日民集29巻4号350頁、東京地決平成16年6月1日判時1873号159頁）。

## 2　上場会社において株価が高騰している場合における「公正な発行価額」の算定

　上場会社における「公正な発行価額」は，市場株価が基準となる。前記の「調和」を考慮し，日本証券業協会は，「第三者割当増資の取扱いに関する指針」という証券会社向けの指針を公表している。同指針は，「株式の発行に係る取締役会決議の直前日の価額（直前日における売買がない場合は，当該直前日からさかのぼった直近日の価額）に0.9を乗じた額以上の価額」を払込金額とすることを要請している。つまり実務上は，取締役会決議の直前日の価額の9割以上が「公正な発行価額」であるとして運用されていることになる。

　ただ，新株を発行する会社が企業買収の対象になっている場合や，企業提携を企図しようとしている場合には，新株発行価額の決定後，株価が急に高騰する場合がある。このような場合，高騰前と高騰時のいずれを基準として，公正な発行価額を決定すべきであろうか。

　この点に関し，裁判例をみてみると高騰前を基準とするもの（東京高判昭和48年7月27日判時715号100頁，前掲最判昭和50年4月8日）と，高騰時を基準とするもの（前掲東京地決平成16年6月1日）とに分かれている。

　これらの裁判例を強いて整合的に理解するとすれば，①買収により企業価値が増大するという株式市場の合理的期待を反映したものであれば，高騰時の株価を基準とし，逆に，②発行会社やその関係者に高値で買い取らせることや，市場での売り抜けを狙うなどの投機的なものであれば，高騰時の株価は算定の基礎から排除されるべきということであろう。ただ，両者の区別をつけることは容易なことではない。

## 3　非上場会社における「公正な発行価額」の算定

　他方，非公開会社，非上場会社においては，そもそも市場株価が存在しない。このような場合における有利発行について，最判平成27年2月19日民集69巻1号51頁の判示するところをみてみよう。まず前掲最判平成27年2月19日は，「非上場会社の株価の算定については，……様々な評価手法が存在しているのであって，どのような場合にどの評価手法を用いるべきかについて明確な判断基準が確立されているというわけではな」く，「個々の評価手法においても，…ある程度の幅のある判断要素が含まれていることが少なくな」いため，「取締役会が，新株発行当時，客観的資料に基づく一応合理的な算定方法によって発行価額を決定していたにもかかわらず，裁判所が，事後的に，他の評価手法を用いたり，異なる予測値等を採用したりするなどして，改めて株価の算定を行った上，その算定結果と現実の発行価額とを比較して『特ニ有利ナル発行価額』に当たるか否かを判断するのは，取締役らの予測可能性を害することともなり，相当ではない」と述べ，「非上場会社が株主以外の者に新株を発行するに

際し，客観的資料に基づく一応合理的な算定方法によって発行価額が決定されていたといえる場合には，その発行価額は，特別の事情のない限り，『特ニ有利ナル発行価額』には当たらないと解するのが相当である」旨判示する。

そして当該判決の事案に関して前掲最判平成27年2月19日は，公認会計士が「決算書を初めとする各種の資料等を踏まえて株価を算定したものであって」，その「算定は客観的資料に基づいていたということができ」，「本件新株発行における発行価額は『特ニ有利ナル発行価額』には当たらないというべきである」と結論づけた。

会社法は，いくつかの場面で，非公開会社において，裁判所が株価を決定することができる制度を用意しており（例えば，会144条3項4項等），非公開会社の株価においては，いくつかの算定方法を組み合わせて株価を算定する手法が採用されている。

これに対し，前掲最判平成27年2月19日は，新株発行の場面においては，率直に，株価算定に際し，一定の不明確さ，幅がありうることを認めた上，新株発行の場面において，むしろ一義的な算定を避け，取締役の経営判断を尊重しようとしている。前掲最判平成27年2月19日の下では，むしろ「客観的資料に基づく一応合理的な算定方法によって発行価額を決定」されたかどうかが重視されることとなり，この点がクリアされていれば，株価については，特別の事情のない限り，「特ニ有利ナル発行価額」には当たらないと理解されることになる。

〈類題〉

・新株が公正な価額で発行されなかった場合における，関係当事者（引き受けた者，取締役等）の責任について論ぜよ。

〔松嶋　隆弘〕

◆株式の譲渡

# Ⅱ－9 譲渡の自由と制限

株式譲渡の自由とその制限について論ぜよ。

〔論点〕
・会社の承認のない譲渡制限株式の譲渡の効力と売渡株主の法的地位。
・従業員持株制度における譲渡特約（売渡強制条項）の効力。

## 1 問題の所在

株主の投下資本の回収を保証するため株式は自由に譲渡できるのが原則であるが（会127条），定款により，会社が発行する全部の株式の内容として（会107条1項1号・2項1号），あるいは種類株式として（会108条1項4号・2項4号），譲渡による当該株式の取得につき会社の承認を要する旨を定めることができる（譲渡制限株式）。閉鎖型の会社では人的な信頼関係にある者に株主を限定したいとの要請が強いため，中小企業の多くが，このような定款の規定を置いている。定款所定の機関決定による承認を得ることなしに譲渡制限株式の譲渡がなされた場合には，当該譲渡の効力が問題となる。

## 2 会社の承認のない譲渡制限株式の譲渡の効力

判例（最判昭48年6月15日民集27巻6号700頁）は，会社の承認のない譲渡制限株式の譲渡の効力について，「（平成17年改正前）商法204条1項但書は，株式の譲渡につき，定款をもって取締役会の承認を要する旨定めることを妨げないと規定し，株式の譲渡性の制限を許しているが，その立法趣旨は，もっぱら会社にとって好ましくない者が株主となることを防止することにあると解される。そして，右のような譲渡制限の趣旨と，一方株式の譲渡が本来自由であるべきこととに鑑みると，定款に前述のような定めがある場合に取締役会の承認をえずになされた株式の譲渡は，会社に対する関係では効力を生じないが，譲渡当事者間においては有効であると解するのが相当である」と判示した。

そして，上記の場合における売渡株主の法的地位について，最判昭63年3月15日裁判集民事153号553頁は，前掲最判昭48年6月15日の考え方を理由に，「会社は，右譲渡人を株主として取り扱う義務があるものというべきであり，その反面として，

譲渡人は，会社に対してはなお株主の地位を有するものというべきである」と判示した。

　会社の承認のない譲渡制限株式の譲渡における株式取得者は，会社に対し，自己が株式を取得したことにつき承認するか否かの決定をするよう請求することができる（会137条1項）。

　また，「相続その他の一般承継」によって株式を取得した場合には，定款による譲渡制限が及ばないことを前提として，相続などが生じた場合にも閉鎖性を維持するための手段を提供する趣旨で，会社は，相続人等に対して当該株式を会社に売り渡すことを請求することができる旨を定款で定めることができる（会174条以下）。会社が，株式取得者の承認請求の日から2週間（これを下回る期間を定款で定めた場合にはその期間）以内に当該決定内容を通知しなかった場合には，会社・承認請求者間に別段の合意がない限り，承認する旨の決定をしたものとみなされる（会145条1号）。

## 3　契約による譲渡制限

　定款による譲渡制限のみでは閉鎖性を維持するとの効果を十分に上げることができない場合には，契約による譲渡制限の形での措置をとることが少なくない。従業員持株制度における退職時や，合弁契約上の債務不履行・支配権の移転等が生じた等の場合に，株主の意思にかかわりなく所有株式を売り渡す義務が発生する旨を定めており（売渡強制条項），その有効性が問題とされる。

　従業員持株制度における売渡強制条項の有効性について，最判平成7年4月25日裁判集民事175号91頁，最判平成21年2月17日判時2038号144頁は，「本件合意は，会社法107条および127条に違反するものではなく，公序良俗にも反しないから有効である」と判示する。

　従来の学説は，契約による譲渡制限が，会社が契約当事者であるか否かによって有効性の判断基準を区別し，会社と株主との間の契約は，会社法127条の脱法手段となりやすく原則として無効であるが，契約内容が株主の投下資本の回収を不当に妨げない合理的なものであれば例外的に有効となるが，他方で，株主間，または第三者と株主との間でなす契約は，原則として有効であるが，会社が契約当事者となる契約の脱法手段と認められる場合には例外的に無効になる，とする（大隅健一郎＝今井宏『会社法論（上）〔第3版〕』〔有斐閣，1991年〕434頁）。これに対して，いずれの場合にも契約自由の原則が妥当して，強行法規又は公序良俗に反しない限り，原則として有効とする見解が有力である。

〈類題〉

・譲渡制限株式の取得につき承認機関の決議がないまま，当該株式の取得者が出席，議決権行使をした株主総会決議は有効であるか。　　　　　　　　　　〔小野寺　千世〕

◆株式の譲渡

# II－10　株主名簿の効力

株主名簿の効力について論ぜよ。

〔論点〕
・株式が譲渡された場合に株主名簿の名義書換にはどのような効力を有するのか。
・株式の譲受人が名義書換を失念していた場合の法律関係。
・会社が名義書換を不当に拒絶していた場合の法律関係。

## 1　問題の所在

　株式会社は，会社と株主との間の集団的法律関係を画一的に処理するために，株主名簿を作成し，株主の氏名等や株式数等を記載しなければならない（会121条）。そして，株式が譲渡された場合には，①譲受人は株券を会社に対して提示等するなどして（株券発行会社の場合。会133条2項，会規22条2項1号），もしくは，②譲渡人と譲受人の共同申請により（株券不発行会社の場合。会133条2項），会社に対して株主名簿の名義書換を請求することができる。そこで，株主名簿の名義書換がなされた場合には，どのような法的な効力が生じるのか，他方で，名義書換を失念していた場合に，会社・譲渡人・譲受人の法律関係はどうなるのか，そして，会社が株主名簿の名義書換請求に対して不当に拒絶していたような場合の法律関係が問題となる。

## 2　株主名簿の名義書換の効力

### (1)　株券発行会社の場合

　株券発行会社の場合，譲渡人が株式を譲渡するときには，譲渡人は譲受人に対して当該株式に係る株券を交付しなければ，譲渡の効力は生じない（会128条1項本文）。譲受人は株券を占有することにより，当該株券に係る株式についての権利を適法に有するものと推定され（会131条1項），また，第三者に対して株式の譲渡を対抗することができる。しかし，譲受人が会社に対して自らが株主であることを対抗するためには，その氏名等が株主名簿に記載されなければならない（会130条1項・2項）。なお，会社が株主名簿に記載された者を株主として扱えば，たとえ真の株主でなかった場合でも，悪意・重過失のない限り免責される（免責的効力）。

## ⑵ 株券不発行会社の場合

　他方で，株券不発行会社の場合，譲渡人が株式を譲渡するときには，譲渡人と譲受人との間の株式の譲渡の意思表示によって，その効力が生じる（民176条）。そして，譲受人が自ら会社および第三者に対して株主であることを対抗するためには，その氏名等を株主名簿に記載しなければならない（会130条1項）。

## 3　失念株

　2で述べたように，株式の譲渡が行われた場合には，株主名簿の名義書換がなされることにより，譲受人は会社に対して自らが株主であることを対抗することができる。しかしながら，何らかの理由により譲受人が株主名簿の書換えを失念していた場合，会社・譲渡人（名義株主）・譲受人（実質株主）の法律関係が問題となる。例えば，実質株主は名義株主に対して会社から名義株主に支払われた剰余金等につき不当利得返還請求をなすことができるのだろうか。最判昭和37年4月20日民集16巻4号860頁は，名義株主に対して支払われた剰余金につき，実質株主の名義株主に対する不当利得返還請求を認め，また，最判平成19年3月8日民集61巻2号479頁では，会社が株式分割により増加した新株式に係る株券を名義株主に対して交付した場合においても，実質株主の不当利得返還請求を認めた。しかし，名義株主が自ら出捐し，株主割当により名義株主に対して株式が発行された場合には，名義株主が自己の権利として株式を取得したとして，実質株主の名義株主に対する不当利得返還請求は認められない（最判昭和35年9月15日民集14巻11号2146頁）。

## 4　会社による名義書換の不当拒絶

　株式の譲渡が行われ，名義書換の請求がなされたにもかかわらず，会社が正当な理由なく当該請求を拒絶していた場合や，過失により名義書換を行わなかった場合の法律関係が問題となる。判例によれば，そのような場合には，会社は株式の譲渡を否定することはできず，譲受人を株主として取り扱わなければならない（最判昭和41年7月28日民集20巻6号1251頁）。

〈類題〉

・普通株式の譲渡が行われたときに，会社が未だ名義書換がなされない場合であっても，会社は譲渡人（名義株主）ではなく，譲受人（実質株主）を株主として取り扱うことができるか説明しなさい。

〔南　健悟〕

◆株式の譲渡

# Ⅱ－11　総株主通知・個別株主通知

> 総株主通知および個別株主通知について論ぜよ。

〔論点〕
・振替制度における株主権の管理方法と行使方法。
・個別株主通知の対象となる少数株主権等の範囲。

## 1　はじめに

　わが国では，平成21年以降，株券が電子化されたことに伴い，株券を発行する旨を定款で定めた会社（会214条）以外は，原則ペーパーレス化が実現している（譲渡制限株式を除く）。また，上場会社の株式については，「社債，株式等の振替に関する法律（振替法）」により，振替株式とされている（振替128条1項）。

　株式の振替制度は，株式等の取引にかかる決済の合理化を図るための制度であり，株主等の権利の管理（発生，移転および消滅）を，振替機関や口座管理機関に開設された振替口座において電子的に行う制度である。

　振替機関等に口座を開設した者が振替口座簿中の自己の口座に株主・質権者として保有する株式の銘柄や数などを記載・記録することで，当該振替株式の権利を適法に有するものと推定される（振替143条）。

　ただ，口座振替によって株式譲渡の効力は生じたとしても，それによって自動的に株主名簿の名義書換がなされるわけではない。そこで，株式を取得した者が当該株式を発行している会社に対して自身の権利（株主権）を行使できるようにするための仕組み，すなわち総株主通知および個別株主通知が用意されている。

## 2　総株主通知と個別株主通知

　総株主通知とは，振替株式の株主として会社に対し権利を行使すべき者を確定する目的で会社が一定の日（基準日や効力発生日など）を定めた場合には，振替機関が当該日における振替口座簿に記載された株主の氏名・保有株式数などを集約して，会社に対して通知するものである（振替151条1項）。

　総株主通知を可能にするため，口座管理機関は，その直近上位機関から，当該口座管理機関またはその下位機関の加入者の口座に記載または記録がされた振替株式につ

き，通知のために必要な事項の報告を求められたときは，速やかに，当該事項を報告しなければならない（同条6項）。

　総株主通知を受けた会社は，通知された事項を株主名簿に記載・記録しなければならず，この場合に，株主名簿の名義書換がなされたものとみなされる（振替152条1項）。

　総株主通知は株主全員が一斉に権利行使をする場合の手続であるのに対し，個別株主通知は，個別の株主が会社に対して株主名簿の閲覧請求権といった少数株主権等（振替147条4項括弧書）を行使する場合の手続である。

　株主が会社に対し少数株主権等を行使しようとするときは，直近上位機関を経由して，振替機関に対し，自己が有する振替株式の種類・数，その増加・減少の経過その他主務省令（社債，株式等の振替に関する命令25条・20条）で定める事項を会社に通知するよう申し出なければならない（振替154条3～5項）。

　少数株主権等とは，基準日を定めて行使される権利（会124条1項に規定する権利）以外の権利をいうとされており（振替147条4項），集団的権利行使以外の形で行使される株主の権利を指すとされる。

　このような個別株主通知制度が設けられた理由は，会社が株主の保有する株式数の情報を常に把握しているわけではなく，また，株主ごとに権利行使がなされるため，株主名簿と振替口座簿の記載内容に齟齬が発生する可能性があるためである。

　株主は，振替機関から会社に対しその通知がされた後，政令で定める期間（4週間）が経過する日までの間でなければ，権利を行使することができない（振替154条2項）。

### 3　個別株主通知と少数株主権等の行使

　個別株主通知は総株主通知と異なり，基準日を定めて行使される権利以外の個別の株主の有する少数株主権等を対象としているため，具体的に何が少数株主権等に該当するのかが問題となる。

　たとえば，個別株主通知を経ないでなされた全部取得条項付種類株式の取得価格決定の申立てが争われた事案において，当該取得価格決定申立権が振替法にいう少数株主権等に該当するのか否か，該当するとした場合に，いかなる時期に個別株主通知を発すべきなのかが問題となった（最決平成22年12月7日民集64巻8号2003頁）。

(1)　**個別株主通知の要否**　まず，全部取得条項付種類株式の取得価格の決定を申し立てることができる者は，株主総会決議に先立って当該株式会社による全部取得条項付種類株式の取得に反対する旨を当該株式会社に対し通知し，かつ，当該株主総会において当該取得に反対した株主などに限られている（会172条1項各号）。株主については株主名簿によって管理（株式譲渡の対抗要件）されているため，振替株式につい

ての少数株主権等の行使に際しての個別株主通知の要否が問題となる。

　最高裁は個別株主通知の要否につき,「会社法172条1項所定の価格決定申立権は,その申立期間内である限り,各株主ごとの個別的な権利行使が予定されているものであって,専ら一定の日（基準日）に株主名簿に記載又は記録されている株主をその権利を行使することができる者と定め,これらの者による一斉の権利行使を予定する同法124条1項に規定する権利とは著しく異なるものであるから,上記価格決定申立権が社債等振替法154条1項,147条4項所定の「少数株主権等」に該当することは明らかである。」と判示した。

　原決定（東京高決平成22年2月18日民集64巻8号2036頁）は,取得価格決定申立権が少数株主権等に該当せず,個別株主通知がされることを要しないとしたのに対し,最高裁は上記の通り,個別株主通知が必要となる少数株主権等に全部取得条項付種類株式の取得価格決定申立権が該当することを明らかにした。

(2)　**個別株主通知の時期**　　次に,振替株式についての少数株主権等は,個別株主通知がなされた後でなければ行使することができないとされている（振替154条2項）。ただ,会社法上,裁判所に対して価格決定の申立てをすることができるのは株主総会の日から20日以内とされている（会172条1項）ことから,個別株主通知がかかる価格決定申立ての前や株主総会の日から20日以内に行われる必要があるのではないかといった個別株主通知の時期が問題となる。

　最高裁は個別株主通知の時期につき,「社債等振替法154条が,振替株式についての少数株主権等の行使については,株主名簿の記載又は記録を株式の譲渡の対抗要件と定める会社法130条1項の規定を適用せず,個別株主通知がされることを要するとした趣旨は,……総株主通知がされる間に振替株式を取得した者が,株主名簿の記載又は記録にかかわらず,個別株主通知により少数株主権等を行使することを可能にすることにある。」としたうえで,「……同じ会社の振替株式であっても,株価の騰落等に伴ってその売買が短期間のうちに頻繁に繰り返されることは決してまれではないことにかんがみると,複数の総株主通知においてある者が各基準日の株主であると記載されていたということから,その者が上記各基準日の間も当該振替株式を継続的に保有していたことまで当然に推認されるものではないから,ある総株主通知と次の総株主通知との間に少数株主権等が行使されたからといって,これらの総株主通知をもって個別株主通知に代替させることは,社債等振替法のおよそ予定しないところというべきである。まして,これらの総株主通知をもって個別株主通知に代替させ得ることを理由として,上記価格決定申立権が会社法124条1項に規定する権利又は同項に規定する権利に関する規定を類推適用すべき権利であると解する余地はない。」とした。

　そして,「個別株主通知は,社債等振替法上,少数株主権等の行使の場面において

株主名簿に代わるものとして位置付けられており（社債等振替法154条１項），少数株主権等を行使する際に自己が株主であることを会社に対抗するための要件であると解される。そうすると，会社が裁判所における株式価格決定申立て事件の審理において申立人が株主であることを争った場合，その審理終結までの間に個別株主通知がされることを要し，かつ，これをもって足りるというべきであるから，振替株式を有する株主による上記価格決定申立権の行使に個別株主通知がされることを要すると解しても，上記株主に著しい負担を課すことにはならない。」と判示した。

　最高裁が判示する通り，個別株主通知は，少数株主権等の行使の場面において株主名簿に代わるものと位置付けることができる（振替154条１項，会130条１項）。したがって，株主が少数株主権等を行使する際に自身が株主であることを会社に対抗するための要件となる。

　最高裁は，株主が全部取得条項付種類株式の取得価格の決定を裁判所に申し立てる際に，会社が申立人を株主ではないとして争った場合に，その審理終結までの間に個別株主通知を行えば足り，さらに，審理終結までの間に通知すれば足りることを理由に個別株主通知を要求しても株主に著しい負担を課すことにはならないとする。

　かかる判断をもとにすれば，たとえば取得日の20日前の日から取得日の前日までの申立期間内に個別株主通知を行う必要もなくなるであろう。また，審理終結時までに個別株主通知を行えば対抗要件が具備されるという点は，株主名簿の書き換えがなされた時点で対抗要件が具備される株主名簿の場合と異なることとなる。

## 4　残された課題

　以上の通り最高裁は，振替株式についての会社法172条１項に基づく価格の決定の申立てを受けた会社が，裁判所における株式価格決定申立て事件の審理において，申立人が株主であることを争った場合には，その審理終結までの間に個別株主通知がされることを要するものと判断する。

　ただ，最高裁は，個別株主通知が審理終結までの間になされれば足りると判断した理論的根拠を明示していないため，かかる点については引き続き不明確であるといえよう。

〈類題〉
・譲渡制限に違反した株式譲渡の効力について論ぜよ。
・会社の過失による名義書換未了と株式譲渡人の地位について論ぜよ。

〔鬼頭　俊泰〕

◆自己株式

# Ⅱ−12　取得規制

> 自己株式の取得手続等の規制について論ぜよ。

〔論点〕

・自己株式の取得等をする場合には，会社法上，どのような手続をとる必要があるのか。

## 1　自己株式の取得になぜ一定の規制があるのか

株式会社は，その発行する株式（自己株式）を，株主との合意により有償で取得することができる（以下，単に「自己株式取得」という）。自己株式取得は会社資金を利用した出資の払戻しとも位置付けられるが，(1)資本維持，(2)株主間の不平等，(3)会社支配の歪曲化，(4)公正な証券市場の諸点から自己株式取得を行うことによる弊害の可能性も無視できない。すなわち，(1)自己株式取得は，株主への出資の実質的な払戻しとなるため資本の空洞化をもたらし，会社債権者を害することがある。(2)一部の株主のみを対象に自己株式取得を実施すると株主間の不平等が生じてしまう。(3)自己株式取得は会社経営陣により会社支配のために利用されるおそれがあり，また保有株式を高値で会社・取締役らに売りつけるような株主（グリーン・メイラー）に利益を与えるようなケースも生じ得る。(4)自己株式取得を実施するとのアナウンスは株価に影響を与えることから（多くの場合は株価の上昇がもたらされる），自己株式取得を通じて相場操縦やインサイダー取引など証券市場の公正さを侵害する行為も放置されかねない。

以上を踏まえて，現行会社法は自己株式の取得方法および手続を規制し，自己株式処分に係る規制，財源規制，消却規制等を設けている。なお，ある株式会社の子会社が親会社株式を自由に取得できるとすると，上述した自己株式取得等の規制が無意味となってしまうため，子会社による親会社株式の取得は原則として禁じられており（会135条1項），子会社が親会社株式を取得した場合には，相当の時期に処分しなければならない（会135条3項）。

## 2　自己株式取得の手続

自己株式の取得には，(1)全ての株主に売却機会を付与する，(2)特定の株主から取得

する，⑶子会社から取得する，⑷市場取引等により取得する，のいずれかの方法によって実施される。

　自己株式取得を実施する際には，①取得する株式の種類・数，②取得と引換えに交付する金銭等（株式以外の会社財産に限られる）の内容・総額，③取得期間（最長1年）を株主総会決議によって定めなければならない（会156条1項。以下「取得枠」という）。

　会社法上は，株主間の公平を図るために，各株主に平等の売却機会が付与される⑴の方法が原則とされる（ミニ公開買付けとも呼ばれる）。

　⑵は，取得枠に併せて，特定の株主から取得する旨を株主総会の特別決議で定めるものである（会160条1項・309条2項2号）。特定の株主のみに売却機会を与えることを厳格な手続を条件に認めるものであるから，株主間の平等に反して特定の株主が利益を得ることを防止するため，上記の株主総会の特別決議において当該特定の株主は議決権を行使することができず（会160条4項），他の株主は会社に対して自らを売主として追加するように請求することができる（会160条3項，会規29条。「タグ・アロング規制」とも呼ばれる）。なお，タグ・アロング規制は，上場会社が市場株価よりも低い金額で取得する場合など，弊害防止の観点から不要とされる場合には適用されない（会161条等）。

　⑶の方法による場合には，取締役会決議のみで取得できる（会156条1項・163条）。前述したように子会社が親会社株式を取得した場合は相当の時期に処分しなければならないため，この手続を円滑にするため，親会社が子会社から自己株式を取得する際の手続が簡素化された。

　⑷では，市場取引等による取得をする場合には弊害が生じないため，簡易な取得手続が認められた（立会市場のほかToSTNeT-2等の立会外市場も含まれる）。なぜならば，市場取引等（市場買付けや公開買付け）によれば，一部の株主のみが利益を得るような状況は生じにくいからである（各株主には市場売却や公開買付けに応じる機会が確保されている）。この場合には，会社法157条～160条の規定は適用されないとし，会社法156条1項で定めた取得枠の範囲内で，業務執行取締役の決定で実施することが可能となる（会165条1項）。定款で定めれば取締役会決議により取得枠を定めることもできる（会165条2項・3項）。

## 3　自己株式取得の実行の手続

　株主総会決議・取締役会決議によって定められた取得枠を受けて，個別の自己株式取得（個々の取引）が実行される。その場合，①取得株式数，②取得対価の内容，数，額または算定方法，③取得対価の総額，④取得の申込期日を定めなければならない（会157条1項）。取得条件は均等であることが求められる（会157条3項）。取締役会

設置会社は，上記①〜④の事項を取締役会決議によって定めなければならない（会157条2項）。取締役会非設置会社においては，上記①〜④について，取締役の過半数をもって決するか，委任を受けた特定の取締役が決定することになる（348条2項・3項）。

〈類題〉

・取締役会設置会社が取締役会決議によって自己株式取得ができる場合を説明せよ。

〔宮﨑　裕介〕

# Ⅱ-13　違法な取得

> 違法な自己株式取得について論ぜよ。

〔論点〕
・財源規制・取得手続規制に違反した自己株式取得の効力。

## 1　自己株式取得規制と違法な自己株式取得

　株式会社が自己株式を取得する際には，手続規制および財源規制に服した上で実施しなければならない。すなわち，自己株式取得は，法が定めた手続要件を履践した上で，取得限度額（分配可能額）を超えない範囲で行わなければならない。上記の規制を遵守せずに行った自己株式取得は違法となるが，それが財源規制なのか取得手続規制なのかを分けて考える必要がある。

## 2　財源規制違反の自己株式取得

　分配可能額を超えた自己株式取得が実施され，金銭等の交付を受けた株主は，当該金銭等の帳簿価額（時価）に相当する金銭を会社に支払う義務を負う（会462条1項）。この責任は，分配を受けた者の主観的事情に関係のない厳格責任とされており，各株主の善意または悪意，あるいは過失の程度は考慮されないと解されている。

　また，この場合の株主の責任は，会社債権者が追及することもできる。すなわち，株主が前述の支払義務を負う場合，会社債権者は，株主に対して，当該株主が交付を受けた金額（当該会社債権者の債権額が限度となる）を直接，自己に支払うように請求することができる（会463条2項）。なお，この請求権は，民法の債権者代位権（民423条）の特則として規定が整理されたものと理解されている。このように債権者が関与できるのは，分配可能額が債権者保護を念頭に置いているからである。

　財源規制に違反した場合の自己株式取得の効力については有効か無効かで争いがある。有効説に立つとなると，⑴株主総会・取締役会決議は法令違反により無効であるのに，その決議に基づく行為がなぜ有効なのか，⑵有効とすると当該自己株式取得における譲渡人の立場となる株主が違法な給付について積極的に履行を強制することができてしまう，⑶財源規制違反の自己株式取得の相手方となる株主が会社法462条1項の責任を果たした場合の会社に対する株式の返還請求が説明できるかという諸点で

問題がある。この点についての最高裁判例はないが，上記を考慮して解釈する必要がある。

### 3　取得手続規制違反の自己株式取得

　自己株式取得をすること自体は，会社法上自由となったが，取得手続規制に違反した自己株式取得が認められるわけではない。この点につき，取得手続規制に違反する自己株式取得が行われた場合は，その取得は私法上無効と解されている（最判昭和43年9月5日民集22巻9号1846頁）。もっとも，取得手続規制に違反する自己株式取得であることにつき相手方が善意である場合には取引の安全の観点から，会社は無効を主張することができないと解すべきである。とりわけ，上場会社が市場買付けにより自己株式取得をする場合を念頭に置くと，株主は売却した相手方が会社であるかはわからない（金融商品取引業者の名で取引が行われる）ため取引の安全の要請はより高まる。あるいは，金融商品取引所で行われた取引が，手続規制違反等の会社の内部事情によって無効になるようでは，証券取引のシステムに対する信頼性の観点からも問題となりえることも無視できない。

　ところで，違法な自己株式取得について，誰が無効の主張をすることができるかについても争いがある。自己株式取得に応じた相手側株主からの無効主張を認めるべきではないとする（会社のみが無効主張をできる）立場は，自己株式取得規制の趣旨が資本維持・株主間の平等的取扱いなどにあること等を根拠とし，同様の理解を示す下級審裁判例もある（東京高判平成元年2月27日判時1309号137頁）。これに対して，そもそも違法に自己株式を取得した会社が無効主張することは期待できないから，会社による違法な自己株式取得を禁止するとの法目的を達成するためには，相手方の無効主張を認めるべきであるとの理解もある。

　なお，違法な自己株式取得により会社が被った損害については，自己株式に資産価値があるか否かについての理解の違いから諸説分かれているところである。

〈類題〉
・違法な自己株式取得について，誰が無効主張をすることができるか論じなさい。

〔宮﨑　裕介〕

## Ⅱ-14　株式と社債との異同

株式と社債の異同について論ぜよ。

〔論点〕
・株式と社債の資金調達手段として有する共通点（ファイナンスにおける共通点）。
・株主と社債権者の会社に対する権利における異同（ガバナンスにおける相違点）。

### 1　はじめに

株式とは，社員たる地位（＝社員権）そのものであり，細分化された割合的単位の形で発行されるものである。

一方，社債とは，「会社」（会 2 条 1 号）が行う割当てにより発生する当該会社を債務者とする金銭債権であって，募集社債に関する事項（会676条各号）の決定に従い償還されるものである（会 2 条23号）。

### 2　株式と社債の共通点

株式と社債の共通点について整理したい。

(1)　両者は投資家（一般大衆）から多額の資金を調達する手段として用いることができる点で共通する。すなわち，1 つ（株式は 1 株，社債は 1 個）の価額は通例大きくないものの，それらを細分化された区分単位の形態で大量に発行することで引受け手を増やし（投資単位を下げて資金の出し手を増やし），結果的に多額の資金を会社が調達することができる。

(2)　また，株式や社債を通じて市場で多くの引受け手を確保するためには株式や社債自体の流通性が高くなければならないため，両者は有価証券として発行することが可能となっている（会214条・676条 6 号）。なお，有価証券である株券にせよ社債券にせよ，現在ではいずれも原則として電子化（ペーパーレス化）されている（振替66条・128条）。そのため，株券については定款の定めによって，社債券については募集社債の事項の定めによって，例外的に有価証券形態（紙媒体）で発行されることとなる。

(3)　そして，上記の通り，株主も社債権者も多数に上ることが予定されていることから，会議体によって意思決定を行う必要がある（会295条以下・715条以下）。なお，公開会社（会 2 条 5 号）においては，募集株式の発行も社債の発行も，機動的な資金

調達を実現すべく取締役会の決議によってなされる点でも共通する（会201条1項・362条4項5号）。

### 3　株式と社債の異同〜株主と社債権者の会社に対する権利における異同〜

株式と社債の相違点について，株主と社債権者の会社に対する権利をもとに整理したい。

(1)　まず，制度の大枠から両者の違いをみていくこととする。株式を発行できるのは株式会社だけであるのに対して，社債は会社法上の会社（会2条1号）が発行できるとされているため，株式会社だけでなく，持分会社（合名会社・合資会社・合同会社）も社債を発行することができる。また，株式が普通株式とは異なる種類の株式に関する規定を株式の種類ごとに置いている（会108条1項各号）のに対して，社債は普通社債や異なる種類の社債といった具体的な種類区分の規定は置いておらず，社債の種類の規定のみを置いている（会681条1号，会規165条各号）点で異なる。

(2)　次に，株式と社債の性質の違いに基づく相違点について整理したい。

まず，株主は会社に対して社員たる地位を有している者であるのに対して，社債権者はあくまで会社に対して金銭債権を有している者に過ぎない。

したがって，株主は，株主総会における議決権（会105条1項3号・308条）や取締役に対する監督・是正権（会360条）などをもとに会社の経営に参加する権利を有しているのに対して，社債権者にはそのような権利は認められていない。

さらに，株主は配当可能利益があって初めて利益の配当を受けられる（会461条）のに対して，社債権者は，配当可能利益の有無にかかわらず一定額の利息の支払いを受ける権利を有している（会676条3号）。

会社の残余財産分配時においても，債権者である社債権者は元本と利息の範囲内において株主に優先して会社財産から弁済を受けることができるのに対して，株主は会社債権者に対する弁済後の残余財産からしか弁済を受けることができない（会504条）。

(3)　そして償還性に関して，株式は原則として償還が認められていないため，出資金の払戻しを受けることはできないのに対して，社債は金銭債権であることから償還が予定されており，償還期限が来れば償還を受けることができる（会676条4号）。

### 4　まとめ

株式と社債については，会社の資金調達方法として各種共通点を有している一方，制度や性質に基づく相違点も多数存在する。

〈類題〉

・株主と社債権者の会社に対する権利における異同につき論ぜよ。

・会社の資金調達時における株主・社債権者の保護について比較しつつ論ぜよ。

〔鬼頭　俊泰〕

## Ⅱ－15　社債管理者・社債管理補助者

> 社債制度における社債管理者，社債管理補助者の意義とそれぞれの権限，
> 義務，責任について論ぜよ。

〔論点〕
・社債制度における社債管理者の意義と権限・義務・責任。
・社債管理補助者の権限・義務・責任と社債管理者との相違点。

### 1　はじめに

　会社法は，担保付社債を発行する場合には，受託会社を定めなければならないとし（担保付社債信託法2条），また，会社が無担保社債を発行する場合には，原則として，社債管理者を定め，社債権者の保護のために，社債の管理を行うことを委託しなければならないとする（会702条）。

　社債管理者が設置されていない社債については，社債管理補助者を定め，社債権者のために，社債の管理の補助を行うことを委託することができる（会714条の2）。

### 2　社債管理者の権限，義務，責任

(1)　社債権者が一般投資家である場合，専門知識の欠如などを理由に社債権者が自身の債権を適切に管理することは難しく，さらには社債権者全体の利益にとって望ましくない行動を選択することもあることから，会社法は以下のような社債管理者制度を設けている。

　社債管理者は，銀行，信託会社等の金融機関または担保付社債信託法の免許を受けた会社でなければなることができない（会703条，会規170条）。

　社債管理者は，社債の管理を行うにあたって，社債権者のため公平かつ誠実にこれを行う義務を負うとともに（会704条1項），社債権者に対し，善管注意義務を負う（同条2項）。また，社債管理者は，社債権者のために社債にかかる債権の弁済を受け，または社債にかかる債権の実現を保全するために必要な一切の裁判上または裁判外の行為をする権限を有する（会705条）。

(2)　社債管理者は，会社法または社債権者集会の決議に違反する行為をしたときは，社債権者に対し，連帯して，これによって生じた損害を賠償する責任を負う（会710

条）。

　なお，社債管理者に対して与えるべき報酬，その事務処理のために要する費用およびその支出の日以後における利息ならびにその事務処理のために自己の過失なくして受けた損害の賠償額は，社債発行会社との契約に定めがある場合を除き，裁判所の許可を得て，社債発行会社の負担とすることができる（会741条）。

## 3　社債管理者制度の問題点

⑴　もっとも，わが国の実務においては，会社が社債を発行する場合には，例外規定（会702条但書，会規169条）に基づき，社債管理者を定めていないことが多かった。その理由として，同法上，社債管理者の権限が広範であり（会705条），また，その義務，責任および資格要件が厳格であるため（会704条・703条，会規170条），社債管理者の設置に要するコスト（社債管理委託手数料など）が高くなることや，社債管理者となる者の確保が難しいことが挙げられる。

⑵　社債発行時に社債管理者を定めない社債（いわゆるFA債）を発行する場合，社債管理者に代わって社債発行事務や支払事務を担う財務代理人が設置される。

　財務代理人の権利義務は法定されていないため，その内容は社債発行者と財務代理人との間の個別の契約によることとなる。また，財務代理人は，社債管理者と異なり，社債権者の保護のために行動する立場にあるわけではなく，あくまで社債発行者のためにサービスを提供する者と位置づけられる。

⑶　そのため，FA債がデフォルトした場合，社債権者は自らの利益を自ら守らなければならず，社債権者の保護に欠ける状況が発生しうる。FA債がデフォルトした際に，財務代理人を社債管理者と同様に取り扱うことができるのかが問題となる。実際に，会社法上の社債ではないソブリン債に関するものではあるが裁判（最判平成28年6月2日民集70巻5号1157頁）上，債券管理会社が各債権者から訴訟追行権を授与された任意的訴訟担当であるとして債権者のために権利保全を行うことができるのかどうかが問題となった。

⑷　上記事案は社債管理者を設置せずに社債を発行した会社が倒産した場合の対応を検討するに適当なものであるが，債券を管理する会社にどのような法的義務が課されるのかについては，結局，当該債券管理会社がどのような債券管理委託契約を締結したのかによることとなる。すなわち，債券管理委託契約の内容次第で，上記最判のように，債券管理会社は会社法上の社債管理者と同等の権利を有し，義務が課される場合もあれば，上記最判の原判決（東京高判平成26年1月30日民集70巻5号1244頁）および原々判決（東京地判平成25年1月28日民集70巻5号1203頁）のように，社債権者が自らの利益を自ら守らなければならない場合も発生する可能性があることとなる。

　そこで，社債管理者が設置されていない社債についても第三者による最低限の社債

管理が必要であるとして，新たに社債管理補助者制度が設けられている。

## 4　社債管理補助者の権限，義務，責任

⑴　会社は，担保付社債である場合を除き，会社法702条但書に規定する社債管理者の設置が強制されない場合には，社債管理補助者を定め，社債権者のために，社債の管理の補助を行うことを委託することができる（会714条の２）。

⑵　社債管理補助者は，社債管理者になることができる者（会703条各号）に加え，弁護士，弁護士法人および弁護士・外国法事務弁護士共同法人でなければならない（会714条の３，会規171条の２）。

　社債管理補助者制度は，社債権者において自ら社債を管理することを期待することができる社債を念頭に，第三者である社債管理補助者が，社債権者の破産債権の届出をしたり，社債権者からの請求を受けて社債権者集会の招集をすることなどにより，社債権者による社債権者集会の決議等を通じた社債の管理が円滑に行われるように補助する制度である（会714条の４）。つまり，社債管理補助者は，社債管理者よりも裁量の余地の限定された権限のみを有する。

　なお，２以上の社債管理補助者があるときは，社債管理補助者は，各自，その権限に属する行為をしなければならない（会714条の５第１項）。また，社債管理補助者が社債権者に生じた損害を賠償する責任を負う場合において，他の社債管理補助者も当該損害を賠償する責任を負うときは，これらの者は，連帯債務者とされる（同条２項）。

⑶　社債管理補助者の義務・責任について会社法は，社債管理者に関する規定を準用したうえで，社債管理補助者は，社債権者のために，公平かつ誠実に社債の管理の補助を行わなければならず，また，社債管理補助者は，社債権者に対し，善良な管理者の注意をもって社債の管理の補助を行わなければならない（会714条の７・704条）とする。これは，社債管理補助者の公平誠実義務および善管注意義務を定めたものである。

## 5　社債管理者と社債管理補助者との比較

⑴　まず，社債管理補助者は社債管理者と同様に公平誠実義務や善管注意義務を負っていることから，社債管理補助者の設置に要するコストの増加や，社債管理補助者となる者の確保が難しくなる可能性がある。

　しかし，社債管理補助者は社債管理者とは異なり，裁量の余地の限定された権限のみを有する者として制度設計がなされており，また，委託契約の定めにより裁量の範囲を更に限定することもできることから，社債管理者と比べて義務違反が問われ得る場合は限定的となろう。

⑵　次に，社債管理補助者の負う誠実義務の具体的内容は，社債管理者と同様に委託

の趣旨に照らして決定される。ただ，社債管理補助者について，社債管理者よりも裁量の余地の限定された権限のみを有し，社債権者による社債権者集会の決議等を通じた社債の管理が円滑に行われるように補助する者と位置付ける場合には，社債管理者と社債管理補助者に対する委託の趣旨は異なるものとなる。したがって，社債管理者であれば誠実義務違反とされる行為であっても，社債管理補助者が同じ行為をした場合に当然に誠実義務違反になるわけではないと解される。

　なお，社債管理補助者は，社債管理者と同様に，善意・無重過失の善管注意義務違反に関して事前に免責することなどは認められない。これは，社債管理者・社債管理補助者は，社債の管理を適切に行うインセンティブを当然に有しているものでなく，また，社債発行会社および社債管理者・社債管理補助者となろうとする第三者が社債権者のために契約をするという構造上，社債発行会社および当該第三者の双方が当該第三者の義務は軽ければ軽いほど良いと考えるおそれもあるからである。

　そのほか，社債管理者・社債管理補助者の共通点としては以下のようなポイントを挙げることができる。

(3)　まず，社債権者と社債管理補助者との利益が相反する場合において，社債権者のために裁判上または裁判外の行為をする必要があるときは，裁判所は，社債権者集会の申立てにより，特別代理人を選任しなければならない（会714条の7・707条）。

　また，社債管理補助者は，会社法または社債権者集会の決議に違反する行為をしたときは，社債権者に対し，これによって生じた損害を賠償する責任を負う（会714条の7・710条1項）。

　さらに，社債管理補助者は，社債発行会社および社債権者集会の同意を得て辞任することができる。この場合，当該社債管理補助者は，あらかじめ事務を承継する社債管理補助者を定めなければならない（会714条の7・711条1項）。社債管理補助者は，委託にかかる契約に定めた事由がある場合や，やむを得ない事由があるときに裁判所の許可を得た場合にも，辞任することができる（会714条の7・711条2項・3項）。

　なお，裁判所は，社債管理補助者がその義務に違反したとき，その事務処理に不適任であるとき，その他正当な理由があるときは，社債発行会社または社債権者集会の申立てにより，当該社債管理補助者を解任することができる（会714条の7・713条）。

〈類題〉

・社債管理補助者と社債権者との間に利益相反関係が存在する場合の会社法上の規律につき論ぜよ。

・債権者異議手続における社債権者の異議申述方法について論ぜよ。

〔鬼頭　俊泰〕

## Ⅱ－16　株式の併合等

株式の併合，分割および無償割当てについて論ぜよ。

〔論点〕
・株式併合を用いたキャッシュ・アウトにおける株主による事前の差止請求の可否。
・株式併合を用いたキャッシュ・アウトにおける株主による端数株式買取請求と「公正な価格」の算定方法。
・株式分割において，募集株式の発行等の差止めの規定や新株発行無効の訴えの規定を類推適用することの可否。

### 1　意義

(1) **株式併合**　　株式併合とは，数個の株式をあわせることで，それよりも少数の株式とすることである（会180条1項）。例えば，4株で1株とすることである。

　株式併合が行われると，各株主の保有する株式数が減少する。株式併合は，併合割合を大きくすることによって，少数派株主の保有する株式が端数となり金銭処理され（会235条），株主でなくなることもあるため，株主の地位に重大な影響を与えることがある。

　株式併合は，一株当たりの経済的価値を引き上げるなどの投資単位の調整，合併比率の調整，キャッシュ・アウトに用いられたりする（キャッシュ・アウトについては，Ⅳ8を参照）。

(2) **株式分割**　　株式分割とは，株式併合とは反対に，発行済株式を細分化することである（会183条）。例えば，1株を4株にすることである。

　株式分割が行われると，株式併合とは反対に，各株主の保有する株式数が増加する。株式分割においても，端数の発生によって金銭処理がなされ（会235条），株主の持株比率に変化が生じることもあるが，株式併合と異なり，株主の地位を失うことはないため，株主の地位に与える影響は相対的に小さい。

　株式分割も，株式併合と同様に，投資単位の調整や合併比率の調整に用いられる。

(3) **株式無償割当て**　　株式無償割当てとは，株主会社が株主（種類株式発行会社にあっては，ある種類の種類株主）に対して保有株式数に応じて，新たな払込みをせず

（無償で）当該株式会社の株式の割当てをすることをいう（会185条）。例えば，株主に対し，保有株式1株につき，1株を無償で交付することである。

　株式無償割当てがなされると，株式分割と同様に，各株主の保有する株式数が増加する。もっとも，①種類株式発行会社においては，株式分割では同じ種類の株式数だけが増えるが，新株無償割当てでは，異なる種類の株式が割り当てられることもあり，②自己株式については，株式分割では自己株式が増加するが，株式無償割当てでは割当てを受けない（会186条2項）点で異なっている。

## 2　手続

(1)　**株式併合**　　株式併合においては，まず，事前の情報開示が求められている（会182条の2，会規33条の9，会181条）。株主に対して端数株式の買取請求（会182条の4）や差止請求（会182条の3）の機会を与える趣旨である。

　次に，併合割合や効力発生日等の決定について，株主総会の特別決議が必要である（会180条2項・309条2項4号）。株式併合は，株主の地位に重大な影響を与えることがあるためである。株式併合を用いたキャッシュ・アウトに際し，少数派株主への対価の額は，決議事項ではないことから（会180条2項），対価の額については，決議取消訴訟では争えない。

　また，公開会社では，発行可能株式総数は，効力発生日における発行済株式総数の4倍を超えることができない（会180条3項）。既存株主の持株比率の低下の下限を設けるためである。

　そして，株式併合は，効力発生日に，効力を生じる（会182条1項）。

　さらに，事後の情報開示が求められている（会182条の6，会規33条の10）。

　株式併合によって，経済的な損失を受ける株主に対しては，端数株式の買取請求権（会182条の4），株式併合自体に反対の株主に対しては，事前の差止請求（会182条の3）が認められている。

(2)　**株式分割**　　株式分割においては，分割割合，基準日および効力発生日等について，非取締役設置会社では株主総会の普通決議，取締役会設置会社では取締役会決議によって定めなければならない（会183条2項）。株式併合と異なり，株主総会の特別決議が必要とされていないのは，相対的に，株主の地位に与える影響が小さいためである。

　また，株式分割においては，分割割合の限度で，株主総会の特別決議を経ずに（会466条・309条2項11号参照），発行可能株式数を増加させることができる（会184条2項）。分割割合の限度で発行可能株式総数を増加させても，既存株主の持株比率の低下が従前より大きくならないためである。

　そして，会社は，分割の基準日の2週間前までに，分割の決議事項を公告しなけれ

ばならない（会124条3項）。株主名簿の書換えをしていない株主に対して，名義書換えの機会を与える趣旨である。

　株式分割は，効力発生日に効力を生じる（会184条1項）。

　株式分割には，事前の株主の差止請求や事後の無効の訴えについて明文の規定はない。また，裁判例（東京地決平成17年7月29日判時1909号87頁）においては，株主の地位に実質的な変動を及ぼさないとして，新株発行差止めの規定の類推適用は否定されている。もっとも，学説上は，募集株式の発行等の規定（会210条）や新株発行無効の訴えの規定（会828条1項2号）の類推適用を認めるべきとする見解もある。

⑶　**株式無償割当て**　　株式無償割当ては，株主総会（取締役会設置会社においては取締役会）で必要事項を定め（会186条），効力発生日に効力を生じる（会187条1項）。

〈類題〉

・株式併合を用いたキャッシュアウトにつき，全部取得条項付種類株式，支配株主の
　売渡請求等と比較して論ぜよ。

〔金澤　大祐〕

# Ⅲ　会社の機関

# Ⅲ－1　意義と権限・決議事項

> 株主総会の最高機関性と万能機関性について論ぜよ。

〔論点〕
- ・株主総会の意義。
- ・機関構成による株主総会の権限の差異。
- ・定款による株主総会決議事項の拡大・縮小。

## 1　株主総会の意義

　株主総会は，株式会社の構成員たる株主が直接参加し，決議により会社の基本的意思決定を行うための機関である。会社は利潤の最大化を目的とする団体であり，出資という危険を負担してその構成員となった株主は，株主総会を通じて会社の意思決定に関与することで自らその目的を実現しようとするのである。

　明治32年商法制定当時は，株主相互の関係が強く，かつその多くが経営者意識を持つ，いわば原初的な株式会社が多く存在した。株主総会は会社の実質的所有者たる株主がそのコントロールをするため直接参加する最高機関であるとされ，会社の運営・管理上のあらゆる意思決定が可能であると規定された。

　しかし，会社の規模が拡大するにつれ，株式の所有や会社経営は複雑化し，個々の一般の株主は複雑な経営に関与するよりももっぱら自分の利回りや株価にのみ関心をもつようになった。株主総会が形骸化・無機能化することを避けるため，昭和25年商法改正においては，株主総会の主たる役割を，経営者の選任・解任を行うことにより会社運営を間接的に監視・監督する方向へと大きく路線変更した。

## 2　機関構成による株主総会の権限の差異

　株式会社の所有と経営とが分離している場合，株主も分散していることが通常である。そのような場合，個別の会社経営に関する事項まで株主総会で決定することは非効率的である。会社法は，取締役会設置会社においては経営の専門家である取締役を信頼して機動的に経営を行えるようにするため，株主総会の決議事項を会社法に規定する事項及び定款に定めた事項に限定している（会295条2項）。

　これに対し，所有と経営が一致している取締役会非設置会社の場合は，旧有限会社

法の規律を引き継ぐ形で，株主総会に会社の組織・運営・管理その他一切の事項につき決議することができる権限（同条1項）を与え，万能の機関とした。

## 3　取締役会設置会社における株主総会の権限

2で述べたように，株式会社が規模を拡大し，株主の細分化が進むにつれて専門家たる取締役（会）に業務執行を委ねる範囲も拡大した。取締役の業務執行の裁量がどこまでか，責任の所在がどこにあるかを明確にするためには，どのような事項につき株主総会で株主全体の意思を確認すべきかが明らかでなければならない。

取締役会設置会社の株主総会の決議事項は，大別以下の4種類である。第1に取締役等の機関の選任・解任に関する事項（会329条・339条）。第2に定款変更や合併・会社分割等の組織再編に関する事項（会466条等）。第3に剰余金の配当等株主の重要な利益に関する事項（会454条1項），そして第4に取締役の報酬の決定等，本来は経営判断にあたる事項であっても取締役会等の他の機関で決定すると株主の利益を害する可能性がある事項（会361条1項）である。

## 4　定款の定めによる株主総会決議事項の拡大・縮小

会社法は取締役会の設置の有無がすなわち所有と経営の分離の判断のポイントであるととらえ，株主総会決議事項の範囲を定めている。一方で例外もありうることから，会社法は，個々の会社に対して株主総会決議事項につき定款自治を認めている。

株主の必要に応じて，定款により株主総会の権限を拡大することは，株主総会の本来の権限が回復したに過ぎない。実際，株主総会の決議事項につき取締役その他の機関が決定する旨の定款の定めは無効である（会295条3項）のに対し，取締役会の法定決議事項を定款の定めにより上位機関である株主総会決議事項へと変更（留保）することは禁止されてはいない。非公開会社である取締役会設置会社において，取締役会決議のほかに株主総会決議によっても代表取締役を定めることができる旨の定款規定を有効とした判例がある（最決平成29年2月21日民集71巻2号195頁）。

しかし，会社法が株主総会の権限につき取締役会の設置の有無で規制を分け，取締役会非設置会社についてのみ万能機関性を維持したこと，すなわち取締役会を設置した場合には株主が直接会社経営に関与しないものとしたことを重視するのであれば，取締役会権限をどこまでも縮小し，取締役会の存在を無意味にすることは認められないと解される。

〈類題〉
・取締役会設置会社において，株主総会の決議により代表取締役の選定を行う旨の定款の効力について論ぜよ。

〔長谷川　乃理〕

# Ⅲ-2　招集手続

> 株主総会の招集手続と取締役会の招集手続の異同について論ぜよ（ただし，種類株主総会，監査等委員会設置会社，指名委員会等設置会社は除く）。

〔論点〕

・株主総会の招集手続に関する規制。

・全員出席総会。

・取締役会の招集手続に関する規制。

## 1　株主総会と取締役会

　会社法は多数の株主が存在することを想定しており，会社の所有者である株主が事業経営に直接関与するのは困難な場合がある。そこで，株主自身は定時・臨時に株主総会を開いて基本的事項について決議し（意思決定機関。会295条・296条1項・2項），取締役に業務執行を行わせることとした。

　取締役会は，取締役全員で構成され，取締役相互の討論を通じて，業務執行の意思決定と取締役の職務執行の監督権限をもつ機関である（会362条1項・2項）。

## 2　株主総会の招集

　株主総会を開催するには，株主全員に出席の機会と準備の余裕を与えるために，招集手続をとる必要がある。株主総会の招集は，取締役（代表取締役）が行う（会296条3項）。ただし，取締役の恣意により株主総会が開かれないときに備え，少数株主による招集（会297条）と裁判所による招集命令（会307条1項1号）がある。

　取締役による招集では，招集通知には，①総会の日時・場所，②議題，③書面投票を認めるときはその旨，④電子投票を認めるときはその旨，⑤その他法務省令（会規63条）で定める事項を定めなければならない（会298条1項）。

　株主総会を招集するには，株主総会の日の2週間前に招集通知（非公開会社では1週間前。取締役会非設置会社では定款でさらに短縮可）を，株主（議決権のない株主を除く）に対して，発しなければならない（会299条1項）。

　取締役会設置会社では，書面による（会299条2項2号）。ただし，株主の承諾をあらかじめ得た場合は，電磁的方法（電子メール等）でもよい（会299条3項，会社法

施行令２条１項２号）。もっとも，株主総会資料の電子提供措置をとる会社（会325条の２以下）では，前記⑤については招集通知への記載を要しない（会325条の４第２項）。

　取締役会非設置会社では，招集通知の方法について特に規制がおかれていないため，口頭でもよい（ただし，前記③の場合は書面による〔会299条２項１号〕）。

　前記③を行う場合には，招集通知に際して，参考書類の交付・提供が必要になる（会301条）。取締役会設置会社では，定時総会の招集通知に際し，計算書類と事業報告（監査役・会計監査人の設置会社では，監査報告・会計監査報告も含む）を提供する必要がある（会437条。連結計算書類作成会社はその提供も必要（会444条６項））。電子提供措置をとる会社では，原則として，これらも電子的に提供される。

　招集手続によらずに一部の株主の集会で何かを決めても，原則としてその決議は不存在（会830条１項）となる。もっとも，一人会社では当該株主の出席があれば招集手続は必要とされず（最判昭和46年６月24日民集24巻４号596頁），株主が複数の場合，株主（代理人含む）全員が同意して出席したならば総会決議は有効である（全員出席総会：最判昭和60年12月20日民集39巻８号1869頁）。招集手続の省略（会300条）や株主総会の開催の省略（会319条１項）が認められる場合もある。

## 3　取締役会の招集

　取締役会は，原則として各取締役に招集権限が認められているが，定款または取締役会の決議によって，特定の取締役（例えば社長）を招集権者と定めることもできる（会366条１項）。その場合でも，他の取締役は，招集権者に対し取締役会の招集を請求できる（会366条２項・３項）。監査役（会383条２項・３項）や株主（会367条）による招集請求が認められる場合もある。

　取締役会の招集には，取締役会開催日の１週間（定款で短縮可）前までに各取締役（監査役設置会社では各取締役・各監査役）に招集通知を発しなければならない（会368条１項）。取締役会は，株主総会とは異なり，いかなる議題についても審議すべきであるから，招集通知は書面による必要はなく（口頭でも電話等でもよい），また，招集通知には特に議題を示す必要はない（東京地判平成２年４月20日判時1350号138頁）。

　取締役全員（監査役設置会社では取締役全員・監査役全員）の同意がある場合には，招集手続を省略することもできる（会368条２項。定例日開催する場合等）。

〈類題〉

・株主総会における議決権の行使と取締役会における議決権の行使の異同について論ぜよ。

〔大久保　拓也〕

# Ⅲ－3　バーチャル株主総会

いわゆるバーチャル株主総会について論ぜよ。

〔論点〕

・ハイブリッド出席型バーチャル株主総会において，会社側の事情により通信障害が発生し，バーチャル出席株主が審議または決議に参加できない事態が生じた場合，株主総会決議取消の訴えは認められるか。

・ハイブリッド出席型バーチャル株主総会において，事前の書面投票または電子投票を行った株主が審議の時間中にログインをしたが，決議の時までにログアウトし，結果的に議決権を行使しなかった場合には，事前の書面投票または電子投票は有効か。

## 1　バーチャル株主総会の意義

　従来，株主総会は，取締役や株主等が一堂に会する物理的な場所において開催される株主総会（リアル総会）を前提に議論がなされてきた。

　近時，インターネット等の手段の発達により，バーチャル株主総会も可能となっている。また，バーチャル株主総会には，リアル会場に赴かなくても，株主総会の審議に参加できるなど，リアル総会にはないメリットもある。

　もっとも，バーチャル株主総会においては，リアルの会場を設けず，インターネット等の手段を用いて開催されるため，リアル総会とは異なった問題が生じる。

　そこで，以下では，ハイブリッド参加型バーチャル株主総会（参加型総会），ハイブリッド出席型バーチャル株主総会（出席型総会），バーチャルオンリー型株主総会（オンリー型総会）についてそれぞれ述べる。

## 2　参加型総会

(1)　**定義**　　参加型総会とは，リアル総会の開催に加え，リアル総会の開催場所に在所しない株主が，株主総会への「出席」を伴わずに，インターネット等の手段を用いて審議等を確認・傍聴することができる株主総会をいう。

(2)　**意義**　　参加型総会の意義は，遠方株主の株主総会参加・傍聴機会の拡大，株主総会の透明性の向上，情報開示の充実等である。

(3)　**実施の根拠**　　参加型総会においては，バーチャル参加する株主は，リアル総会に出席せず，審議等を確認・傍聴するに過ぎないため，会社法上も認められる。

(4)　**リアル総会との違い**　　参加型総会においてバーチャル参加する株主は，株主総会を傍聴ないし視聴するにすぎず，法的に「出席」するわけではない。

　そのため，参加型総会は，リアル総会と異なり，バーチャル参加する株主は，株主総会の会場にいなくても参加できるが，総会中の質問（会314条)，動議権（会304条)及び議決権（会308条１項）の行使ができない。

## 3　出席型総会

(1)　**定義**　　出席型総会とは，リアル総会の開催に加え，リアル総会の場所に在所しない株主が，インターネット等の手段を用いて，株主総会に会社法上の「出席」をすることができる株主総会である。

(2)　**意義**　　出席型総会の意義は，遠方株主の出席機会の拡大，複数の株主総会への出席の容易化，質問の形態が広がることによる株主総会における議論（対話）の深化，株主総会の透明性の向上，情報開示の充実等である。参加型総会と異なり，バーチャル参加する株主は，株主総会に「出席」することとなる。

(3)　**実施の根拠**　　出席型総会の実施は，会社法施行規則72条３項１号がインターネット等の通信手段を利用してリアル総会の会場以外の場所から株主が出席することを許容していると解されることを根拠に認められている。もっとも，開催場所と株主との間で情報伝達の双方向性と即時性が確保されていることが必要と解されている。

(4)　**リアル総会との違い**　　出席型総会におけるバーチャル出席株主は，リアル総会の株主と同様に，「出席」していることとなる。もっとも，以下の点でリアル総会と異なる。

### ア　取消事由

　リアル総会においては，会社側の事情により，株主が審議または決議に参加できない場合など，瑕疵が客観的に存在すれば会社法831条１項の要件は満たされ，会社が瑕疵の防止のため注意を払っていたといった事情は，裁量棄却（会831条２項）において考慮されるにすぎないとするのが従来の解釈である。

　出席型総会において，会社側の通信障害が発生し，バーチャル出席株主が審議または決議に参加できない事態が生じた場合，株主にはリアル出席をするという選択肢があり，リアル総会に全く出席の機会がなかった場合とは異なることから，出席型総会においては，会社が通信障害のリスクを事前に株主に告知し，かつ，通信障害の防止のために合理的な対策をとっていれば，会社側の通信障害は，決議取消事由には該当しない，または該当したとしても裁量棄却されると解されている。

イ　代理人による議決権行使

　リアル総会においては，代理人による議決権の代理行使（会310条1項）が認められている。

　出席型総会におけるバーチャル出席においては，代理人による出席を認める必要性が乏しく，本人確認等の事務手続が煩雑であり，事務処理コストが大きいことから，代理人の出席はリアル総会に限定し，予め招集通知等において株主にその旨を通知するという取扱いも認められている。

ウ　事前の議決権行使の取扱い

　リアル総会の実務では，株主が事前に議決権行使をしていたが会場で出席した場合，リアル総会の受付時の出席株主数のカウントをもって，事前の議決権行使の効力が失われているものと解されている。

　バーチャル出席株主が事前の議決権行使を行っていた場合，ログインをもって出席とカウントし，それと同時に事前の議決権行使の効力が失われたものと扱ってしまうと，無効票を増やすこととなり，株主意思を正確に反映しない可能性がある。また，株主総会の議事は，審議と決議とに分けることができ，書面投票または電子投票（会298条1項3号・4号）は，総会当日の決議に参加しない株主に事前の議決権行使を認めた制度であると理解すれば，会社法298条1項にいう「出席しない」とは，「決議に出席しない」ことを意味すると解釈することも可能である。そのため，出席型総会においては，株主が審議の時間中にログインをしたが，決議の時までにログアウトし，結果的に議決権を行使しなかった場合には，当該株主は，会社法298条1項にいう「株主総会に出席しない株主」として，事前の書面投票または電子投票を有効と取り扱うことも考えられる。

エ　動議の提出と採決

　リアル総会では，株主に動議の提出や採決が認められている。

　出席型総会の議事進行中に，バーチャル出席者に対して動議の提案内容の趣旨確認，提案理由の説明を求めることや，採決を可能とするシステム体制を整えることは，会社の合理的な努力で対応可能な範囲を越えた困難が生じることが想定される。そこで，出席型総会においては，原則として動議の提出はリアル出席株主からのみを受け付け，事前に書面または電磁的方法により議決権を行使して当日は出席しない株主の取扱いを参考に，実質的動議については棄権，手続的動議については欠席として取り扱うことを認めている。

## 4　オンリー型総会

⑴　**定義**　　オンリー型総会とは，リアル株主総会を開催することなく，取締役や株主等が，インターネット等の手段を用いて株主総会に会社法上の「出席」をする株主

総会である。

(2)　**意義**　　オンリー型総会は，遠隔地の株主を含む多くの株主が出席しやすく，物理的な会場が不要となるため，コストを削減でき，株主や取締役等が会場に集まらないことから，感染症等のリスクを低減できるというメリットがある。参加型総会，出席型総会とは，リアル総会を開催しない点で大きく異なる。

(3)　**実施の根拠**　　会社法においては，株主総会を招集する場合には，株主総会の「場所」を定めることが要求されており（会298条1項1号），「場所」は，株主が質問し説明を聴く機会を確保するため，物理的に入場することができなければならないと解されている。

　そのため，物理的な会場を設けないオンリー型総会は，会社法では許容されていない。

　もっとも，オンリー型総会については，上述のメリットもあることから，産業競争力強化法（産競法）において認められている。

　オンリー型総会の実施は，まず，上場会社に限定されている（産競法66条1項・2項）。次に，通信の方法に関する事務の責任者の設置，通信の方法に係る障害に関する対策についての方針の策定，通信の方法としてインターネットを使用することに支障のある株主の利益の確保に配慮することについての方針の策定，株主名簿に記載・記録されている株主の数が100人以上であることとの経済産業省令・法務省令（省令要件）該当性について，経済産業大臣及び法務大臣の「確認」を受けることが必要とされている（産競法66条1項）。そして，株主総会（種類株主総会を含む）を場所の定めのない株主総会（種類株主総会にあっては，場所の定めのない種類株主総会）とすることができる旨の定款の定めが必要となっている。さらに，オンリー型総会の招集決定時において省令要件に該当していることが必要となっている。

(4)　**リアル総会との違い**　　オンリー型総会においては，リアル総会と同様に，会社法の原則通り，株主からの質問や動議を受け付ける必要がある。

　もっとも，物理的な会場を設けていないため，招集の決定事項（産競法66条2項，会298条1項），招集通知の記載・記録事項（産競法66条2項，会299条4項），延期・続行（産競法66条2項，会317条），議事録の記載・記録事項（産競法66条2項，会318条1項）について，リアル総会と異なった取扱いが必要となる。

〈類題〉

・ハイブリッド出席型バーチャル株主総会についてリアル株主総会と比較して論ぜよ。

〔金澤　大祐〕

# Ⅲ－4　議決権の行使者

議決権行使の代理人を株主に限定する定款規定の効力について論ぜよ。

〔論点〕
・議決権行使の代理人資格を当該会社の他の株主に限定することはできるか。
・議決権の行使の態様には他にはどのようなものがあるのか。

## 1　問題の所在

　株主総会が開催される場合，株主は株主総会に出席して，議決権を行使することが一般的である。しかし，株主が株主総会に諸事情により株主総会に出席できないような場合に，会社法は，一定の要件の下で，出席せずとも株主が議決権を行使し得る方法を用意する。すなわち，①他の者を代理人として出席させ，議決権を代理行使する方法（会310条），②書面によって議決権を行使する方法（会311条），そして，③電磁的方法によって議決権を行使する方法（会312条）である。これは株主に議決権行使の機会を保障するためである。

　それでは，議決権の行使方法につき，第一に，代理行使の場合，会社が定款で代理人資格を当該会社の他の株主に限定する旨を定めていた場合に，当該定款規定は有効なのか，第二に，書面や電磁的方法による議決権行使の方法はどのような要件の下で認められるのかが問題となる。

## 2　議決権行使の代理人資格

　会社法は議決権の代理行使につき，「株主は，代理人によってその議決権を行使することができる。この場合においては，当該株主又は代理人は，代理権を証明する書面を株式会社に提出しなければならない。」と定める（会310条1項）。もっとも，上場会社等では定款によりその代理人について当該会社の他の株主に限定する旨の定款規定を設けていることが多い。会社法は代理人についてその人数を除き（同条5項），代理人資格を制限することを許容する規定を持たない。そのため，代理人資格を株主に限定する旨の定款規定の有効性が問題となる。

　この問題につき，最判昭和43年11月1日民集22巻12号2402頁〔百選29事件〕）は「議決権を行使する代理人の資格を制限すべき合理的な理由がある場合に，定款の規

定により，相当と認められる程度の制限を加えることまでも禁止したものとは解され」ないと一般論を展開したうえで，当該定款規定の趣旨について「株主総会が，株主以外の第三者によって攪乱されることを防止し，会社の利益を保護する趣旨にでたもの」と述べ，代理人資格を株主に限定する旨の定款規定を有効と判示する。

　上記判例によれば，議決権行使を限定する旨の定款規定が許容されるのは，当該規定に合理的な理由があり，相当と認められる程度の制限である場合であることが示される。そして，代理人資格を制限することが認められるのは，株主総会が第三者によって攪乱されることを防止する場合であるとされる。そのため，代理人資格を株主に限定していたとしても，当該代理人によって株主総会が攪乱されるおそれがないのであれば，たとえそのような定款規定を有していても，会社は当該代理人の出席と議決権の行使を拒むことはできないと解される余地がある。たとえば，株主が会社や地方公共団体であり，当該団体の代表者（代表取締役や首長等）が株主総会に出席できない場合には，非株主の総務部長や副知事等につき議決権行使を認めなければならない（最判昭和51年12月24日民集30巻11号1076頁参照）。

## 3　書面や電磁的方法による議決権行使

　株主による議決権行使の機会を保障するために，会社法は代理行使のほか，一定の要件の下，書面や電磁的方法による議決権行使を認めている。

　会社は株主が書面によって議決権行使することを認めることができる（会298条1項3号参照。なお，株主の数が1,000人以上の場合には，原則，義務である〔同条2項参照〕）。そして，書面による議決権行使は，議決権行使書面に必要事項を記載し，原則，株主総会の日時の直前の営業時間の終了時までに（会規69条），当該記載をした議決権行使書面を提出して行う（会311条1項）。なお，書面により議決権行使したにもかかわらず，実際に出席して改めて議決権行使をした場合には，書面による議決権行使は撤回として扱われると解される。

　会社は株主が電磁的方法によって議決権行使することも認めることができる（会298条1項4号参照）。そして，電磁的方法による議決権の行使は，会社の承諾を得て，原則，株主総会の日時の直前の営業時間の終了時までに（会規70条），議決権行使書面に記載すべき事項を，電磁的方法により会社に提供して行う。なお，電磁的方法には，メールによる方法等が（会規230条1号）ある（弥永真生『コンメンタール会社法施行規則・電子公告規則〔第3版〕』〔商事法務，2021年〕1228頁～1229頁参照）。

〈類題〉

・株主の代理人が株主の指示に反して議決権行使をした場合の当該議決権の有効性について論ぜよ。

〔南　健悟〕

## Ⅲ－5　株主提案権

> 株主提案権制度について論ぜよ。

〔論点〕
・株主提案がもっぱら人の名誉を侵害したり，不正な利益を図る目的でなされたりした場合，会社は，当該提案を拒絶することができるか。
・会社側が適法な株主提案権を無視した場合，株主総会決議の取消事由となるか。

### 1　意義

　株主提案権とは，株主が取締役に対し一定の事項を総会の目的とすることを請求することができる議題提案権（会303条），総会の目的となっている事項について具体的な議案を提出することができる議案提案権（会304条）および株主が取締役に対し総会の日の8週間（定款でそれを下回る期間を定めた場合には，その期間）前までに，当該株主が提出しようとする議案の要領を株主に通知することを請求することができる議案要領通知請求控（会305条1項）の総称である。例えば，株主が株主総会の議題として新たに「取締役選任の件」を追加することを求めるのが議題提案権であり，「取締役選任の件」が株主総会の議題となっている場合に，株主が取締役の具体的な候補者を提案するのが議案提案権である。

　株主提案権は，株主が自ら株主総会を招集すること（会297条）は困難であることから，株主会社が招集する株主総会を利用して議題や議案を提案することを認めるものである。

### 2　議題提案権

　取締役会非設置会社においては，株主であれば，議題提案権を行使することができる（会303条1項・2項）。

　取締役会設置会社においては，濫用的な提案権行使を防止するため，総株主の議決権の100の1（定款でより低い割合を定めた場合には，その割合）以上の議決権または300（定款でより低い個数を定めた場合には，その個数）以上の議決権を6カ月（定款でそれを下回る期間を定めた場合には，その期間）前から引き続き有する株主に限り，行使することができる（会303条2項前段）。議題提案権の行使は，議題を招

集通知に記載する必要があるため（会299条2項2号・4項），株主総会の8週間前までにしなければならない（会303条2項後段）。

　非公開会社の取締役会設置会社においては，6カ月の保有要件が不要とされている（会303条3項）。

　適法な議題提案を会社が無視した場合，取締役等に対し過料が科されるが（会社976条18号の2），議題に対する決議がない以上，原則として，決議取消事由とはならない（東京高判平成23年9月27日資料版商事法務333号39頁）。

## 3　議案提案権

　議案提案権は，議題提案権と異なり，取締役会設置会社であっても，株主であれば保有株式数に関係なく権利行使することができる（会304条本文）。

　株主総会の当日における議案の提出は，動議と呼ばれている。

　もっとも，議案が法令もしくは定款に違反する場合，または，実質的に同一の議案につき株主総会において総株主の議決権の10分の1以上の賛成を得られなかった日から3年を経過していない場合には，提案することはできない（会304条後段）。

　適法な株主の議案の提案を無視し，会社提案の議案のみを審議した決議には，株主提案という代替案を検討してなかったため，株主総会決議の取消事由が認められると解されている。

## 4　議案要領通知請求権

　議案要領通知請求権は，株主が会社の費用で事前に自己の議案を他の株主に知らせることで，当該議案に対する賛成を得やすくするために，認められている。

　もっとも，議題提案権と同様に，取締役会設置会社においては，総株主の議決権の100の1（定款でそれを下回る割合を定めた場合には，その割合）以上の議決権または300個（定款でそれを下回る割合を定めた場合には，その個数）以上の議決権を6カ月（定款でそれを下回る期間を定めた場合には，その期間）前から引き続き有する株主に限り，当該請求をすることができる（会305条1項但書）。また，議題提案権と同様に，非公開会社で取締役会設置会社の場合には，6カ月の継続保有要件が不要とされている（会305条2項）。

　議案が法令もしくは定款に違反する場合，または，実質的に同一の議案につき株主総会において総株主の議決権の10分の1以上の賛成を得られなかった日から3年を経過していない場合については，議案提案権と同様に，提案することはできない（会305条6項）。

　取締役会設置会社においては，株主が議案要領の通知請求に記載する議案の個数を10個に制限されている（会305条4項）。役員等の選任や解任及び会計監査人を再任しない旨の議案は，それぞれ一つの議案とみなされ，定款変更に関する2以上の議案に

ついて相互に矛盾する可能性がある議案は一つの議案とみなされる（会305条4項各号）。10個を超える数の議案について，議案の要領の通知が請求された場合，取締役が10個の議案を選択するが，提案株主が議案相互間の優先順位を定めている場合には，その優先順位に従うこととなる（会305条5項）。

　適法な通知請求を無視してなされた議題の決議には，取消事由が認められる。

〈類題〉

・上場会社の株主が多数の株主提案をした場合に，当該会社は当該株主提案を拒絶することができるかについて論ぜよ。

〔金澤　大祐〕

◆株主総会

# Ⅲ－6　取締役等の説明義務

取締役等の説明義務の範囲と限界について論ぜよ。

〔論点〕
・説明義務の発生。
・説明義務を尽くしたといえるかの判断基準。

## 1　問題の所在

取締役，会計参与，監査役および執行役は，株主総会において，株主から特定事項について説明を求められた場合，当該事項について必要な説明をなすべき義務を負う（会314条）。取締役等の説明義務は，議題に関する質疑応答の機会を保証するという会議体の一般原則を規定したにすぎず，株主に特別の情報開示請求権を付与したものではないと解されている。当該義務については，第1に，株主から質問がなされた場合に，説明義務が実際に発生しているのか，第2に，説明義務が発生している場合に，どの程度の説明を行えば義務を尽くしたことになるのかが問題となる。

## 2　説明義務が発生しているか否か

会社法314条は，規定の趣旨および構造からして，株主総会の場において株主から特定の事項について説明を求められてはじめて，取締役等に説明義務が発生する旨の規定となっている。株主が会社に事前の質問状を送付している場合に，取締役等が，総会の冒頭でこの質問状に一括して回答しても，これは説明義務の履行とは関係なく，取締役が質問状の質問者を明らかにせずに回答をしたことは，説明義務を尽さなかったこととはならないと解される（東京高判昭和61年2月19日判時1207号120頁）。

そして，同条但書は，株主から説明を求められたとしても説明を要しない場合として，具体的に，①質問が株主総会の目的である事項に関しないものである場合，②説明により株主の共同利益を著しく害する場合をあげる。また，その他正当な理由があるときとして，会社法施行規則71条に，③説明をするために調査を必要とする場合，④説明をすることにより会社その他の者の権利を侵害することとなる場合，⑤当該株主総会において実質的に同一の事項について繰り返し説明を求める場合，⑥説明をしないことにつき正当な理由がある場合が列挙されている。

## 3 説明義務を尽くしたといえるかの判断基準について

　株主の質問により取締役等に説明義務が発生した場合に，取締役等はどの程度の説明をすればよいのか。株主による個々の質問について，いかなる範囲の説明をすべきかは，一義的に決まるわけではない。

　下級審裁判例によれば，説明の方法については，「株主が会議の目的事項を合理的に判断するのに客観的に必要な範囲の説明であれば足りる」とされる（前掲東京高判昭和61年2月19日）。

　また，取締役等が説明義務を尽くしたといえるかの判断基準については，「株主総会における株主の質問に対して，取締役及び監査役が，本件各決議事項の実質的関連事項について，平均的な株主が決議事項について合理的な理解及び判断を行い得る程度の説明を本件株主総会で行ったと評価できるか否かに帰するというべきである。

　そして，平均的な株主が決議事項について合理的な理解及び判断を行い得る程度の説明がなされたかどうかの判断に当たっては，質問事項が本件各決議事項の実質的関連事項に該当することを前提に，当該決議事項の内容，質問事項と当該決議事項との関連性の程度，質問がされるまでに行われた説明（事前質問状が提出された場合における一括回答など）の内容及び質問事項に対する説明の内容に加えて，質問株主が既に保有する知識ないしは判断資料の有無，内容等をも総合的に考慮して，審議全体の経過に照らし，平均的な株主が議決権行使の前提としての合理的な理解及び判断を行い得る状態に達しているか否かが検討されるべきである」と判示されている（東京地判平成16年5月13日金判1198号18頁）。

　実際に何を説明すべきかは，個別具体的に問題となっている議題ないし議案の内容，そして現に株主総会においてなされた株主の質問の内容によって決まる。説明義務の範囲や内容を考えるにあたっても，問題となっている議題および議案が，株主総会決議事項とされた趣旨を考慮すべきである（伊藤ほか154頁）。

〈類題〉

・取締役Aの解任に関する議案が提出された株主総会において，Aが株主としての地位に基づき解任理由を質問したが，議長は「知っているはずであり，答える必要はない」と回答し質疑を打ち切り，賛成多数で可決された場合，Aは当該総会決議の効力を争うことができるかについて論ぜよ。

〔小野寺　千世〕

◆株主総会

# Ⅲ－7　決議の効力を争う訴え

> 株主総会決議の効力を争う訴えの特徴について，民事訴訟の原則と対比しつつ論ぜよ。

〔論点〕
・株主総会決議取消しの訴えの原告適格，被告適格，出訴期間，手続。
・株主総会決議無効確認の訴え，株主総会決議不存在確認の訴えとの異同。

## 1　制度趣旨

　会社法は，株主総会決議の効力を争う訴えとして，①株主総会決議取消しの訴え（会831条），②株主総会決議無効確認の訴え（会830条2項），③株主総会決議不存在確認の訴え（会830条1項）の3つの類型を用意している。

　株主総会の決議の内容や手続に法令・定款違反の瑕疵がある場合，本来であれば，会議体の一般原則に従い，その決議の効力が認められず，いつでも誰からでも決議の無効の主張をすることができるのが原則である。しかしかかる原則を貫くと，株主総会の場合，大きな不具合が生じてしまう。株主総会決議は，それ自体多数の者の利害に関係する上，当該株主総会を前提として，各種の活動が積み重なるので，それらに多大なる悪影響が生じ，結果として取引の安全を大きく害するからである。そこで，公正な決議を求める株主保護の要請を図りつつ，法律関係安定の要請，画一的決定の要請を満たすべく，会社法は，前記①〜③の訴えを創設したのである。

## 2　株主総会決議取消しの訴え（会831条）

(1)　**訴えによること，原告適格，被告適格の法定**　　株主総会取消しの訴えは形成の訴えであるので，訴えをもって裁判所に権利関係の変更を請求することができると規定されている場合に限って認められる。

　加えて，会社法は，株主総会決議取消しの訴えを創設するに際し，原告となりうる者を株主等（会831条1項本文），被告となりうる者（会834条17号）とそれぞれ法定した。これらは民事訴訟法でいうところの原告適格，被告適格に相当する。

　さらに，法律関係の早期安定を図る見地から，出訴期間が株主総会等の決議の日から3カ月以内と定められている。

(2) **取消事由**　　取消事由は，下記の3つである。

① 株主総会等の招集の手続又は決議の方法が法令若しくは定款に違反し，又は著しく不公正なとき

決議内容の法令違反が漏れているのは，無効事由とされているためである。①の具体例としては，招集手続の不備，説明義務の不当拒絶（会314条），株主の議案提案権の不当拒絶（会304条・305条）等があげられる。

② 株主総会等の決議の内容が定款に違反するとき

③ 株主総会等の決議について特別の利害関係を有する者が議決権を行使したことによって，著しく不当な決議がされたとき

③につき注意すべきなのは，取締役会の場合と異なり（会369条2項），株主総会においては，特別利害関係がある株主も議決権を行使することができるとされていることである。もともと株主は利益を上げるために会社に資本投下したわけであるので，自身の利益を図るために議決権行使をすることは，特別利害関係の有無にかかわらず認められる。会社法は，著しく不当な決議がなされた場合に事後的に決議の効力を否定するにとどめるのを原則としているのである（例外的に議決権行使が否定される場合として，会社法160条4項等参照）。

(3) **その他の手続的規制**　　株主総会決議取消しの訴えについては，他の会社訴訟と同様の手続的規制に服する。すなわち，その管轄は，被告となる会社の本店の所在地を管轄する地方裁判所の専属管轄とされ（会835条），合意管轄（民訴11条），応訴管轄（民訴12条）は認められない。

また，数個の訴えが係属している場合における弁論の併合も，通常の民事訴訟の場合と異なり（民訴152条），必要的とされ，併合に関する裁判所の裁量は認められない（会837条）。後記のとおり，判決に対世効があるため，判決効の抵触する事態が発生するのを防ぐためである（平成17年改正前商法の下では，出訴期間経過後でなければ口頭弁論を開始することができないと定められていたが，会社法上かかる規制は存在しない（同商法248条2項））。

(4) **判決効**

ア　**対世効**

民事訴訟において，その判決の既判力は，基本的に当事者間にしか及ばないとされている（民訴115条1項）。民事訴訟は，私人間の紛争を解決するのが目的であるため，その判決も攻撃防御を尽くした当事者（原告・被告）間にのみ及ぼせば十分だからである。しかしながら，株主総会の決議取消しの訴えの場合，かかる原則を貫くと，著しく法律関係が不安定となり，結果として取引の安全を害してしまう。そこで会社法は，株主総会の決議を取り消す旨の判決が確定した場合，当該判決が第三者に対して

もその効力を有するものとした（会838条）。これを対世効という。

イ　遡及効

　会社訴訟においては、その決議の効力が既往に遡ると、法律関係が収拾のつかない混乱に陥る危険性があるところから、一般に遡及効が否定され、請求認容の判決が確定したとき、将来に向かってその効力を失うとされるのが原則である（会社法839条）。しかしながら、株主総会決議取消しの訴えについては、遡及効を否定する会社法839条が適用されず、結果として、株主総会決議取消判決が確定した場合、その効力は、法律行為の取消しの場合と同様、既往に遡って無効となる。結果として、取引の安全を害する事態が発生しうることとなり、その是正策が議論される。学説上、外観法理の適用等が有力に主張されている。

## 3　株主総会決議無効確認の訴え（会830条2項）

　株主総会の決議無効の訴えは、形成の訴えである株主総会決議取消しの訴えと異なり、確認の訴えであり、その無効事由は、決議の内容が法令に違反することとされている。被告となりうるものは法定されているものの（会834条16号）、株主総会決議取消しの訴えと異なり、出訴権者が法定されておらず、出訴期間の制限もない。それ以外の規制については、おおむね株主総会決議取消しの訴えの場合と同様である。

## 4　株主総会決議不存在確認の訴え（会830条1項）

　株主総会決議不存在確認の訴えも、株主総会決議無効確認の訴えと同様確認の訴えであり、その規制内容も、ほぼ同様である。特徴的なのは不存在事由である。判例上、不存在事由とされるのは、先行決議の瑕疵が承継された結果、後行決議が不存在とされる場合がほとんどである。

〈類題〉

・株主総会決議取消しの訴えについて論ぜよ。

〔松嶋　隆弘〕

# Ⅲ－8　決議の瑕疵と既往関係の処理

取締役選任に係る株主総会決議に瑕疵がある場合において，当該決議が取り消されたときに，当該決議により取締役に選任された者が会社を代表して第三者との間でした取引の効果をいかに解すべきか。また，定時株主総会における計算書類承認決議に手続上の瑕疵がある場合において，当該決議が取り消されたときに，次期以降の計算書類にいかなる影響を及ぼすかについて，それぞれ論ぜよ。

〔論点〕
・株主総会決議の瑕疵とそれを争う方法。
・取締役選任決議が取り消された場合に当該決議により取締役に選任された者が会社を代表して第三者との間でした取引の効果。
・計算書類承認決議を取り消す判決が確定した場合に，当該確定判決の効力が次期以降の計算書類に及ぼす影響。

## 1　株主総会決議の瑕疵とそれを争う方法

　株主総会決議の手続または内容に瑕疵がある場合，その決議の効力は否定されるべきである。しかし，株主総会決議を前提として会社の利害関係者に法律関係が構築されていくことに鑑みれば，当該決議の効力を一般原則に従い争わせることは，その法的安定性を確保する観点からは妥当ではない。

　そこで，会社法は，手続や内容における瑕疵が相対的に軽微である場合，すなわち株主総会の招集の手続・決議の方法が法令・定款に違反し，または著しく不公正な場合，株主総会の決議の内容が定款に違反する場合，特別利害関係人の議決権行使による著しく不当な決議がされた場合には，株主等（会828条2項1号）は，株主総会の日から3カ月以内に訴えをもって株主総会決議の取消しを請求することができる旨を定めている（会831条1項。なお，招集手続・決議方法が法令・定款に違反する場合，これらは手続上の瑕疵に過ぎないことから，裁判所は，その違反する事実が重大でなく，かつ，決議に影響を及ぼさないものであると認めるときは，同項の規定による請求を棄却することができる（同条2項。裁量棄却））。決議取消しの訴えにおいて，原

告が勝訴し，判決が確定した場合，多数の法律関係を画一的に確定させることが要請されることから，その判決は第三者に対しても効力を有するとされている（会838条。対世効）。

　他方，株主総会決議の内容の法令違反または株主総会決議の不存在という重大な瑕疵については，確認の利益が認められる限り，いつでも誰でも，会社を被告（会834条16号）とする決議無効確認の訴え（会830条2項）または決議不存在確認の訴え（同1項）を提起することができる。この場合，集団的法律関係の画一的確定の要請から，原告勝訴の判決は，対世効を有するとされている（会838条）。

　決議無効または決議不存在を認容する判決が確定すると，決議は遡って無効となり（遡及効。会社法コンメ⑲363頁〔本間靖規〕），決議取消しの訴えの認容判決についても，遡及効が認められると解するのが判例（最判昭和58年6月7日民集37巻5号517頁），通説である。会社の組織に関する訴えについて将来効を定める会社法839条には，これらの訴えが含まれていないからである（髙橋ほか160頁）。

　本問では，取締役選任決議と計算書類承認決議が取り消されており，これらの決議は，当初から効力を有していなかったものとして取り扱われる。そこで，これらの決議を前提とする既往の法律関係をいかに処理すべきかが問題となる。以下では，取締役選任決議と計算書類承認決議が取り消された場合についてそれぞれ検討する。

## 2　取締役選任決議の取消し

　株主総会決議取消しの訴えの認容判決に遡及効が認められるとすると，取締役選任決議が取り消された場合には，当該決議により選任された取締役は当初から取締役ではなかったものとして扱われる。そうであれば，当該決議がなされた時から当該決議が取り消されるまでになされた法律行為は，取締役としての権限に基づかずに行われたことになる。

　たとえば，取締役として選任された者が，代表取締役に選定された場合に，取締役選任決議が取り消される前に，その者が第三者との間で会社を代表してした取引の効力をいかに解すべきかが問題となる。この場合，当該取引が常に無効であると解すると，会社を代表した者が正当に取締役として選任され，かつ代表権があると信じて上記の取引に入った第三者に不測の影響を及ぼすおそれがある。そこで，かかる第三者を保護し，取引の安全を図る必要がある（神田220頁）。

　この点，取締役選任決議の取消しにより当該取締役の就任登記は遡及的に不実の登記になったとして，不実の登記から第三者を保護する規定である会社法908条2項を類推適用し，あるいは選任決議からその取消しまでの間に代表取締役や代理人として行動した取締役につき，表見代表取締役（会354条）や表見代理（民109条等）の規定を類推適用し，第三者を保護することが可能であるとの見解が提示されている（髙橋

ほか161頁，論点体系(6)265頁〔得津晶〕。商事法講義(1)134頁は，当該第三者が善意無過失の場合には，民法109条等の権利外観法理に基づいて保護されると解する）。

　ただ，会社法354条を類推適用する場合には，相手方は善意・無重過失であれば保護され（最判昭和41年11月10日民集20巻9号1771頁，最判昭和52年10月14日民集31巻6号825頁），悪意・無重過失の立証責任は会社側にある（江頭426頁）。これに対し，会社法908条2項は，登記義務者である会社の故意または過失と自らの善意を第三者が立証する必要があり，さらに，民法の表見代理の規定は授権の表示を相手方が立証責任を負い，相手方の悪意または過失は抗弁事由として会社側が立証責任を負うことから（最判昭和41年4月22日民集20巻4号752頁），会社法354条の類推適用によるほうが，第三者は主観的事情の立証責任を負うことなくかなり広範囲の救済が認められ得ると考えられている（論点体系(6)266頁〔得津晶〕）。

　立証責任のハードルに相違がみられるものの，本問のような場合には，会社法354条，908条2項，または民法の表見代理の規定の類推適用を通じ，第三者保護を図るべきものと解される。

## 3　計算書類承認決議の取消し

　会社法の下では，一定の例外を除き（会439条），定時株主総会に提出または提供された計算書類（会435条2項）はその承認を受けなければならないこととされている（会438条2項）。定時株主総会の承認により，計算書類は確定し，当該計算書類が「最終事業年度に係る計算書類（会2条24号）」となるが，当該決議が否決された場合には，計算書類を修正した上で，再度，定時株主総会を招集し，その承認を得ない限り，計算書類は確定しないことになる（会社法コンメ⑩378頁〔片木晴彦〕）。また，計算書類の内容自体に法令違反がある場合には，当該計算書類についての承認決議がなされても，無効であると解されており（江頭387頁。粉飾された計算書類に基づく配当決議につき，東京地判昭和30年11月11日下民集6巻11号2365頁），当該計算書類について確定の効果は生じない。そのため，取締役は適法な計算書類を作成して改めて定時株主総会の承認を得る必要がある（神田220頁，論点体系(3)741頁〔本多正樹〕）。

　これに対し，計算書類それ自体に違法な点がないものの，たとえば，計算書類承認決議に手続上の法令違反等の瑕疵（取消事由）があるとして，当該承認決議の取消しの認容判決が確定した場合において，当該判決に遡及効が認められるとすると，かかる判決の効力が当該計算書類を前提とする次期以降の計算書類にいかなる影響を及ぼすかが問題となる。

　前掲最判昭和58年6月7日は，「株主総会における計算書類等の承認決議がその手続に法令違反等があるとして取消されたときは，たとえ計算書類等の内容に違法，不当がない場合であっても，右決議は既往に遡つて無効となり，右計算書類等は未確定

となるから，それを前提とする次期以降の計算書類等の記載内容も不確定なものになると解さざるをえず，したがって，…会社としては，あらためて取消された期の計算書類等の承認決議を行わなければならないことになる」と判示する。

　まず，ある期の計算書類が未確定となると，それを前提とする次期以降の計算書類の記載内容も不確定なものになると結論付けた点につき，その理由は必ずしも明らかではないが，本判決は，先行年度の計算書類が未確定となるとその内容を前提に作成された後行年度の計算書類に内容の法令違反が生じて承認決議が無効となる可能性が生じるものの，最終的に先行年度の計算書類が当初の内容のまま承認されれば後行年度の計算書類の内容上の瑕疵はないことに帰するから確定的に無効となったともいえず，不確定になると考えているようであるとの指摘がある（髙橋ほか158頁）。

　もっとも，計算書類の内容自体に違法または不当なものがないにもかかわらず，先行年度の計算書類が未確定となったことにより，後行年度の計算書類の記載内容が不確定になると評価されることに問題がないわけではない。この点について，資産・負債は一般に公正妥当と認められる企業会計の慣行に従って計算書類に記載・記録されるべきものであることから，少なくとも，先行年度の計算書類が未確定である，または未確定となり得ることを前提としつつ，後続年度において，当該後続年度の計算書類を適法な手続により承認したときは，当該後続年度の計算書類の効力には影響を与えないと解されるとの見解もみられる（百選79頁〔弥永真生〕）。

　かかる見解によれば，計算書類の内容に違法がなく，計算書類承認決議に手続上の法令違反があるに過ぎない場合には，取り消された計算書類承認決議について改めて定時株主総会を招集し，その承認を得る必要はないことになろう。これに対し，前掲最判昭和58年6月7日によれば，このような場合であっても，取り消された計算書類承認決議について再度定時株主総会の承認を得なければならないことになる。

　本問は，計算書類承認決議に手続上の瑕疵があり，当該決議の取消しの訴えが提起され，その取消しが容認されており，前掲最判昭和58年6月7日と同様の事案である。本判決の判旨を前提とすれば，定時株主総会を改めて招集し，当該承認決議を行い，計算書類を確定させる必要があることになる。なお，仮に，本問において，計算書類の内容に違法がある場合には，計算書類決議の無効確認の訴えを提起することも考えられる。

〈類題〉

・株主総会決議の瑕疵と既往関係の処理について論ぜよ。

・取締役選任決議が取り消された場合における第三者の保護について論ぜよ。

・計算書類承認決議に手続上の瑕疵がある場合の法律関係について論ぜよ。

〔尾形　祥〕

## Ⅲ－9　決議の瑕疵の連鎖

> 役員選任決議の瑕疵が後行の株主総会決議の効力に及ぼす場合について論ぜよ。

〔論点〕

・役員選任の株主総会決議に関する決議取消しの訴えが継続中，当該役員が任期満了により退任した場合における，訴えの利益。

・役員選任の株主総会決議に関する決議が不存在であるとされた場合における，不存在の瑕疵の後行の役員選任決議への影響（いわゆる瑕疵連鎖説）。

・役員選任の株主総会決議に関する決議に取消事由がある場合における，瑕疵連鎖説の当否。

### 1　問題の所在

　会社役員（取締役，会計参与及び監査役）は，株主総会の決議において選任される（会329条1項）。この役員選任決議に瑕疵があった場合，当該瑕疵は，後行の株主総会決議にいかなる影響を与えるであろうか。役員選任決議は，役員の任期ごとに定期的に行われるところから，瑕疵の連鎖の有無が問題となる。

### 2　訴えの利益がないとして却下を認める最高裁判決

　最高裁は，役員選任の株主総会決議に関する決議取消しの訴えが係属中，当該役員が任期満了により退任した場合における役員選任決議の取消しの訴えの帰趨に関し，「株主総会決議取消の訴は形成の訴であるが，役員選任の総会決議取消の訴が係属中，その決議に基づいて選任された取締役ら役員がすべて任期満了により退任し，その後の株主総会の決議によつて取締役ら役員が新たに選任され，その結果，取消を求める選任決議に基づく取締役ら役員がもはや現存しなくなつたときは，右の場合に該当するものとして，特別の事情のないかぎり，決議取消の訴は実益なきに帰し，訴の利益を欠くに至るものと解するを相当とする」旨判示した（最判昭和45年4月2日民集24巻4号223頁）。

### 3　瑕疵連鎖説に関する最高裁判決

　他方，最高裁は，株主総会決議不存在の訴え（会830条1項）に関しては，役員選

任の株主総会決議に関する決議が不存在であるとされた場合，不存在の瑕疵は，後行の役員選任の株主総会の効力に影響を与えるとして，瑕疵の連鎖を正面から許容する。すなわち，最判平成2年4月17日民集44巻3号526頁は，先行の取締役選任決議が不存在である場合，当該決議で選任された者は，取締役でなかったこととなり，かかる者「によって構成される取締役会は正当な取締役会とはいえず，かつ，その取締役会で選任（現・選定）された代表取締役も正当に選任されたものではなく………，株主総会招集権限を有しないから，このような取締役会の招集決定に基づき，このような代表取締役が招集した株主総会において新たに取締役を選任する旨の決議がされたとしても，その決議は，いわゆる全員出席総会においてされたなど特段の事情がない限り………，法律上存在しないものといわざるを得ない。したがって，この瑕疵が継続する限り，以後の株主総会において新たに取締役を選任することはできないものと解される」旨判示する。このような理解を瑕疵連鎖説という。瑕疵連鎖説は，その後，最判平成11年3月25日民集53巻3号580頁において，先行決議の訴えの利益を肯定する論拠として用いられるに至る。

### 4　判決相互間の関係と最判令和2年9月3日の登場

　前掲最判昭和45年4月2日と瑕疵連鎖説を述べる前掲最判平成2年4月17日および前掲最判平成11年3月25日との抵触関係については，かねてから議論があったところ，近時，最高裁は，事業協同組合の理事を選出する選挙の取消しを求める訴えに，同選挙が取り消されるべきものであることを理由として後任理事または監事を選出する後行の選挙の効力を争う訴えが併合されている場合には，後行の選挙がいわゆる全員出席総会においてされたなどの特段の事情がない限り，先行の選挙の取消しを求める訴えの利益は消滅しない旨判示するに至った（最判令和2年9月3日民集74巻6号1557頁）。中小企業等協同組合法の関連条文は，ほぼ会社法と同一内容であるので，前掲最判令和2年9月3日の射程は広く，株式会社にも及ぶものと解される。

### 5　最判平成2年4月17日の射程距離

　前掲最判令和2年9月3日の射程が広く会社法に及ぶと考えた場合，株主総会決議不存在の訴えにおける瑕疵連鎖説が，株主総会決議取消しの訴えにも広く妥当するのみならず，前掲最判昭和45年4月2日が妥当する場面がほとんどなくなることとなる。前掲最判令和2年9月3日により，前掲最判昭和45年4月2日は，事実上変更されたに等しい。

　瑕疵連鎖説に対しては，会社をめぐる法律関係が収拾のつかない混乱に陥るとの批判がなされており，学説からは，各種の権利外観法理規定の類推適用等による解決も提言されている。瑕疵連鎖説からは，瑕疵の連鎖を遮断する手段（全員出席総会，最判所の許可による招集〔会297条4項〕等）を駆使することにより，欠点の是正が図

られることになる。

## 6　残された問題

　瑕疵連鎖説に基づき，先行決議の訴えの利益を肯定する場合，更に問題となるのは，後行決議を争う決議と併合されていることが，先行決議についての訴えの利益を認める要件であるか否かである。瑕疵連鎖の生じる範囲を限定するという観点からは併合を要件とする見解，被告がいつでも後続決議を行うことで，先行決議の訴えの利益を消滅させることは不当であるとして，併合を要件としない見解の双方が主張されている。

〈類題〉
・役員選任の株主総会決議に関する決議取消しの訴えが係属中，当該役員が任期満了により退任した場合，訴えの利益がなくなるかについて論ぜよ。
・役員選任の株主総会決議に関する決議が不存在であるとされた場合，不存在の瑕疵は，後行の役員選任の株主総会の効力に影響を与えるかについて論ぜよ。

〔松嶋　隆弘〕

◆役員の選任・解任

# Ⅲ-10　規制の全体像

役員および会計監査人の選任・解任規制について論ぜよ。

〔論点〕
・選任決議の種類，選任議案の決定権者・同意権者。
・解任決議の種類。

## 1　取締役の選任・解任

取締役の選任は原則として株主総会の決議により（会329条1項），定款の規定によっても取締役会等に委任できない（東京地判昭和33年1月13日下民9巻1号1頁）。取締役選任のための株主総会決議は普通決議（会309条1項）であるが，定款による定足数の軽減は株主の議決権の3分の1までに制限されている（会341条）。

委員会非設置会社において取締役の選任議案を決定するのは取締役（会）である（会298条1項2号・4項）。指名委員会設置会社の場合，選任議案の内容を決定する権限は指名委員会が有する（会404条1項）。

監査等委員会設置会社の取締役を株主総会で選任する場合，監査等委員となる予定の取締役とそれ以外の取締役とは区別しなければならない（会329条2項）。監査等委員となる取締役の選任議案を株主総会に提出するにあたっては，現任の監査等委員会による議案への同意権，および選任議題/議案の提案権があり（会342条の2），かつ，各監査等委員は株主総会において取締役の選任につき意見を述べることができる（会342条の2第1項）。

会社は，株主総会の普通決議でいつでも取締役を解任できる（定足数の引下げは選任と同様に制限される。また，監査等委員である取締役や累積投票で選任された取締役を解任する場合は特別決議を要する。会339条1項）。株主間契約による不解任の特則は原則として債権契約としての効力しか有さないが，定款で取締役の解任につき種類株主の同意を求めることは可能である（会108条1項8号）。

解任された取締役は，解任につき正当な理由がある場合を除いて，株式会社に対して解任によって生じた損害（解任がなければ取締役が得た残存任期中の利益等）の賠償を請求することができる（会339条2項）。一定の要件を満たす場合には解任の訴え

（会854条1項）を提起することができる。

## 2　監査役・会計参与の選任・解任

　会社法は，監査役や会計参与が取締役と意見を異にした場合であっても，その選任・解任につき取締役から不当な影響を受けないよう規定している。

　監査役・会計参与の選任も取締役の場合と同様に株主総会の普通決議で行う（会324条1項）が，監査役選任手続にあたっては現任の監査役による議案への同意権，および選任議題/議案の提案権があり（会343条1項2項），かつ，株主総会において取締役の選任につき意見を述べることができる（会345条4項）。会計参与にも選任に関する意見陳述権がある（同条1項）。種類株主総会による選任および累積投票による選任の制度は存しない。

　監査役を株主総会で解任するには特別決議によらなければならない（会343条4項・309条2項7号）。監査役には意見陳述権が認められる（会345条4項）。

　会計参与の解任は取締役の場合と同様に，定足数軽減に制限のある株主総会普通決議で行われるが，会計参与に総会での意見陳述権は認められる（会345条1項）。

## 3　会計監査人の選任・解任

　会計監査を適切に行うため，会計監査人の人事は経営機関から独立していなければならない。会社法は，会計監査人の選任を株主総会の決議事項としつつ（会329条1項。定足数排除も可能），その選任議案の決定権を，取締役（会）ではなく監査機関（監査役〔会〕，監査委員，監査等委員）に与えている（会344条・399条の2第3項2号・404条2項2号）。会計監査人の意見陳述権も認められる（会345条5項）。

　会計監査人は，株主総会の普通決議によりいつでも解任されうる（会339条1項）。会計監査人の解任議案の決定権も監査機関が有する。正当な理由がある場合を除き，会社に対して損害賠償請求権を有するのは取締役の場合と同様である。

　また，会計監査人が職務上の義務に違反した場合等は，株主総会の解任決議を待つことなく，監査機関全員の同意があれば会計監査人を解任することができる（会340条）。解任後最初に招集される株主総会で，監査機関は解任の旨およびその理由を報告しなければならない（会340条3項）。

〈類題〉

・監査役の選解任につき監査委員・監査等委員と比較しながら論ぜよ。

・監査役の選解任と会計監査人の選解任の異同について論ぜよ。

〔長谷川　乃理〕

◆役員の選任・解任

## Ⅲ－11　資格・任期

> 役員および会計監査人の資格および任期に関する規制について論ぜよ。

〔論点〕

・どのような者が役員になることができるのか。
・会計監査人や会計参与の資格要件について。
・役員および会計監査人の任期を短くしたり，長くしたりすることができるのか。

### 1　問題の所在

　役員（取締役，会計参与および監査役〔会329条1項括弧書〕）および会計監査人には，一定の欠格事由やその地位に応じて資格要件が定められている（会331条・333条・335条・337条参照）。また，それぞれの役員および会計監査人には任期も定められているが（会332条・334条・336条・338条），定款等によりその任期について異なる定めを設けることができる場合もある。そこで，役員および会計監査人の資格および任期に関して，会社法上，どのような規制を設けているのかが問題となる。

### 2　役員および会計監査人の資格要件

　第一に，取締役は自然人でなければならず，法人はなることができない（会331条1項1号）。また，会社法等の罪を犯した者や禁錮以上の刑に処せられた者も取締役になることができない（会331条1項3号・4号）。

　また，監査等委員会設置会社の監査等委員である取締役は自社や子会社の業務執行取締役や支配人等になることはできない（会331条3項）。監査等委員である取締役は業務執行者等を監督する立場であるため，兼務すると自己監査となるからである。さらに，指名委員会等設置会社の取締役は，自社の支配人等を兼ねることができない。

　取締役の資格に関連して，令和元年改正会社法により成年被後見人や被保佐人であっても取締役になることができるようになった（会331条の2）。これは成年後見制度の活用促進の観点から認められたものである。

　第二に，監査役の資格については，取締役の欠格事由に関する規定が準用されており，取締役とほぼ同様ではあるが（会335条1項），監査役は自社や子会社の取締役や支配人等を兼ねることができない（会335条2項）。これも業務執行者を監査する監査

役が自ら業務執行者となると自己監査に陥るからである。この点，従前，取締役や使用人であった者が，その職を辞さないまま，監査役として選任された場合には，前職は自動的に失職すると解される。ただし，選任後，監査役が自ら取締役等であったときの業務執行について監査する場合には，自己監査ともいえるが（横滑り監査），東京高判昭和61年6月26日判時1200号154頁は，この程度は許容されるとする。

　第三に，会計参与および会計監査人については一定の資格が要求されている。会計参与については，公認会計士・監査法人か，税理士・税理士法人でなければならない（会333条1項）。会計参与は，取締役と共同して計算書類の作成をその任務とすることから，会計に関する知識が要求されるからである。会計監査人については公認会計士・監査法人でなければならない（会337条1項）。会計監査人は会社の会計監査をすることから，会計監査の専門的資格が必要とされているからである。なお，会計参与は自社や子会社の取締役や監査役等を兼務することはできないし，また業務停止処分を受け，その停止期間を経過しない者や税理士法違反により税理士業務を行うことができない者は会計参与に就任できない（会333条2項・3項）。また，会計監査人についても，監査対象会社の取締役等から継続的に報酬を受け取っている公認会計士等もまた欠格事由として定められている（会337条3項）。

## 3　役員および会計監査人の任期

　まず，取締役の任期は，選任後2年以内に終了する事業年度のうち最終のものに関する定時株主総会の終結の時までである（会332条1項本文）。もっとも，会社の種類によって異なり，監査等委員会設置会社の監査等委員以外の取締役は1年（同3項），監査等委員会である取締役は2年（同3項括弧書），指名委員会等設置会社の取締役は1年（同6項）である。ただし，監査等委員である取締役を除き，その任期を定款や株主総会決議により短縮することは可能である（会332条1項但書）。また，非公開会社（監査等委員会設置会社および指名委員会等設置会社は除く）の場合，任期を定款によって，10年に伸長できる（会332条2項）。

　次に，監査役の任期は4年で（会336条1項），また定款等により短縮することもできず，取締役の任期よりも長くなっている。これは監査役の独立性を保障するものである。会計参与の任期は取締役と同様である（会334条1項）。他方で，会計監査人の任期は，1年とされ（会338条1項），毎事業年度選任しなければならないが，別段の株主総会決議がなければ，再任されたものとみなされる（会338条2項）。

〈類題〉

・定款で，取締役の資格について定年制度を設けたり，日本人に限定することはできるかについて論ぜよ。

〔南　健悟〕

◆取締役の義務と責任

# Ⅲ－12　社外取締役

社外取締役について論ぜよ。

〔論点〕
・会社法上，社外取締役の設置が義務づけられる場面。
・社外取締役の業務執行についての例外的な取り扱いの有無。
・社外取締役と社外監査役の割割りの重複と相違。

## 1　日本における取締役会と社外取締役

　従来，日本の上場会社では，従業員から役員に出世していくことが慣行となっており，なかでも取締役は，業務執行取締役または使用人兼務取締役として，代表取締役の部下のような立場で業務を執行する存在であることが多かった。それゆえに，役員らの代表取締役への忠誠心は高く，また役員間では仲間意識からの馴れ合いが生じやすかったため，監査役（会）や取締役は，不正行為を見逃したり，代表取締役の暴走を抑えることができないなどの問題があった。

　このような問題に対処するため，監査役制度の厳格化が進められる一方で，社外取締役の導入も検討されていたが，社外監査役が存在することや，社外取締役の人材不足等を理由に，社外取締役の導入に反対する見解が強かった。平成14年に社外取締役を必置とする指名委員会等設置会社は導入されたものの，社外取締役の導入は実質的には遅々として進まなかった。しかし，近年になって，グローバル・スタンダードを重視し，海外投資家にとって理解しやすいガバナンスという観点から，社外取締役の導入が急速に進んでいる。

## 2　社外取締役とは

　社外取締役は，上記のような社会の要請から日本に導入され，根付きつつあるが，社外取締役を置くことが義務づけられる場合がある。令和元年会社法改正では，公開会社かつ大会社である監査役会設置会社で金融商品取引法24条1項によりその発行する株式について有価証券報告書を提出しなければならない会社に対し，社外取締役の選任が義務づけられた（会327条の2）。また，東京証券取引所は，上場会社に対して1人以上の独立社外取締役（社外取締役よりも独立性の高い取締役）の選任を求めて

いる。東京証券取引所が平成27年に策定したコーポレートガバナンス・コードでは，上場会社に２人以上の独立社外取締役を求めている。

委員会型の会社（指名委員会等設置会社・監査等委員会設置会社）では，取締役会の設置が義務づけられており（会327条１項３号・４号），取締役会内に設置されている監査等委員会と指名委員会等設置会社の各委員会の構成員の過半数は社外取締役である必要がある（会331条６項・400条１項・３項）。したがって委員会型の会社においては，取締役会に２名以上の社外取締役が含まれることになる。

さらに，取締役会設置会社（委員会型の会社を除く）において，本来は取締役の決議事項である重要な財産の処分・譲受け（会362条２項１号）および多額の借財（同項２号）について，特別取締役と呼ばれる取締役のみで決議を行うことができる（会373条）。この特別取締役の制度は，取締役が６人以上で，かつその内１人以上が社外取締役である会社において，予め取締役の中から３人以上の特別取締役を選定しておくことが要件となるが，特別取締役には必ずしも社外取締役を含む必要はない。

なお，委員会型の会社における社外取締役および特別取締役制度における社外取締役のような，会社法上，選任が求められている社外取締役である場合，通常の取締役としての登記のみならず，社外取締役である旨の登記も必要であることには注意が必要である（会911条３項21号ハ・22号ロ・23号イ）。

## 3　社外取締役の要件

社外取締役とは，取締役のうち，現在だけでなく過去10年を通じ，株式会社の業務を執行せず，かつ当該株式会社ならびにその親会社，子会社および経営陣などとの間に一定の利害関係を有しない資格要件を満たした取締役をいう（会２条15号）。

これらの定義は，社外取締役を企業内のしがらみから切断し，会社の経営陣から独立した存在にすることを目的としたものであり，このような要件を満たした者であれば，経営陣をより適切に監督することができると期待されている。

また，社外取締役は業務の執行をしない者であるが，令和元年会社法改正においては，一定の要件の下で，取締役会の決議により業務執行の社外取締役への委託が認められることになった（会348条の２）。例えばMBOや親子会社間の取引のような構造的に利益相反が生じやすい場面において，社外取締役が買収者と交渉するなどの業務執行を行うことは，公正性を担保するためにも有益であるため，委託を受けて行われたこのような業務執行を行うことが認められる（後藤元監修，会社法・実務研究会編著『実務問答会社法』〔商事法務，2022年〕168-170頁）。

## 4　社外取締役と社外監査役

社外取締役はその職務の一つとして，社外の独立した立場から役員らの職務を監督することが求められる。一方で，監査役会設置会社には，１名以上の「常勤監査役」

と半数以上の「社外監査役」からなる（会335条3項）監査役会が置かれており，社外の独立した立場から監査を担っている点で，社外取締役と社外監査役は機能が重複しているかのようにもみえる。

　社外監査役は，会社との過去の関係や近親関係，あるいは親会社等との関係にも，会社の過去のしがらみにもとらわれず判断しかつ代表取締役等にも直言できる，独立性の特に高い者であり，監査機能を高めることを目的として導入された（江頭547頁）。

　そもそも，取締役は監督を担い（会362条2項2号），監査役は監査を担うものとされる（会381条1項）。取締役の監督は，業務執行の妥当性まで及ぶとされるが，監査役の監査は原則として適法性に限られる（江頭554頁）。しかし監査役の行う監査は，通説に基づけば，適法性監査の内容として善管注意義務違反の有無についても監査することになり，実質的にチェックの範囲は重なる。これは当然社外取締役と社外監査役についても変わらない。しかし，社外取締役が取締役会において議決権を持つのに対し，社外監査役は取締役会に出席はできるが議決権を持たないという点に大きな違いがある。社外監査役は独立性を有し，調査権など大きな権限を持つが，取締役会における議決権を持たないことで，実質的な是正を促す力への限界が指摘される。

　なお，業務執行に携わらない非業務執行取締役等（会427条1項）は，会社と責任限定契約を締結することで，任務懈怠責任を負う場面で，賠償責任額を縮減することができる。この契約は，社外取締役だけでなく社外監査役と会社の間でしばしば締結される。なお，責任限定契約を締結できる旨は，あらかじめ定款に定めなければならず（同項），当該定款規定は登記しなければならない（会911条3項25号）。

〈類題〉
・取締役会決議により，社外取締役に業務執行を委託することができるとされたが，委託できる業務の内容に制限はあるか論ぜよ。
・上場会社の監査役会設置会社において，監査役会の過半数が社外監査役である場合であっても，社外取締役を置く必要があるか論ぜよ。

〔品川　仁美〕

# Ⅲ-13　経営判断の原則

> 経営判断の原則について論ぜよ。

〔論点〕

・営利目的を有する株式会社の取締役が利益を追求するための経営判断の裁量。
・取締役の経営判断に善管注意義務がつくされたかを判断するための基準。

## 1　問題の所在

　取締役は会社に対して善管注意義務を負うため，その義務に違反して会社に損害を生じさせた場合，賠償する責任を負う（Ⅲ-20参照）。一方，株式会社は営利を目的とし，会社から経営を委任された取締役の義務には，従業員や取引先，地域社会，環境等への利益配慮等の利害調整を排除してまで貫かれるべき性質のものではないが（江頭23頁），会社の出資者たる株主の利益を最大化する原則がある（田中255頁）。取締役は不確実な状況で迅速な意思決定をすることが求められるため，業務執行上の判断の誤りすべてに責任が追及されるおそれがあれば，営利を追求するための経営が妨げられることになる。

　善管注意義務がつくされたかどうかの判断は，行為当時の状況に照らし合理的な情報収集・調査・検討等が行われたか，およびその状況と取締役に要求される能力水準（注意義務の程度）に照らし不合理な判断がなされなかったかを基準になされるべきであり，事後的・結果論的な評価がなされてはならない（江頭493頁）。したがって，善管注意義務違反の判断は，取締役の注意義務の程度と経営判断の裁量との比較考量が問題となる。

## 2　裁判所による経営判断原則の審査

　裁判例においては，取締役の業務執行上の判断の誤りについて，当時の状況に照らして，①経営判断の前提となった事実の認識に不注意な誤りがなく，②その事実に基づく意思決定の過程・内容が明らかに不合理でなければ，裁量権の範囲を逸脱した違法はないとして，経営判断の過程を①と②の二段階に分け審査し，裁判所が取締役の経営判断に事後的に介入しないという経営判断の原則が採用され（黒沼134頁），取締役に経営判断の広い裁量権を認めるものが多い（最判平成22年7月15日判時2091号90

頁〔百選48事件〕ほか）。なお，米国の経営判断原則においては，取締役・会社間に利害対立がないことおよび取締役の意思決定過程に不合理がないことのみを審査し，判断内容の合理性には一切踏み込まないものとなり，わが国の経営判断原則の枠組みとは異なる（江頭495頁）。

　経営判断原則の下での善管注意義務については，「取締役の業務についての善管注意義務違反又は忠実義務違反の有無の判断に当たっては，取締役によって当該行為がなされた当時における会社の状況及び会社を取り巻く社会，経済，文化等の情勢の下において，当該会社の属する業界における通常の経営者の有すべき知見及び経験を基準として，前提としての事実の認識に不注意な誤りがなかったか否か及びその事実に基づく行為の選択決定に不合理がなかったか否かという観点から，当該行為をすることが著しく不合理と評価されるか否かによるべきである」との下級審の判断があり（東京地判平成16年9月28日判時1886号111頁），取締役の注意義務の程度が会社の規模や業種，その他の状況によって異なると考えられている。特定の業種を指し，その業務の特殊性から取締役はより高度の注意義務を負い，経営判断原則の裁量の余地が限定的になるとの見解もあるが（田中261頁），それぞれの会社が属する業種または会社にはそれぞれの目的やミッション等の特殊性が当然に存在するため，業種や個社ごとの特殊性を十分考慮したうえで取締役の注意義務の程度および経営判断の裁量を判断すべきである。

### 3　残された課題

　経営判断原則は，取締役の業務執行の監督義務の違反，忠実義務違反には適用されないとされてきたが，取締役の監督義務違反の責任が厳しく追及されると，取締役の監督態勢が強まり取締役の経営判断の裁量が過度に制約されることから，果断な判断を促進させるために経営判断原則を適用すべきとの見解がある（黒沼135頁）。また，忠実義務についても，取締役は会社の最善の利益のために忠実に行動することが求められているため，会社との利益相反関係にあるときには経営判断が尊重されないが（会社法コンメ⑺424頁〔近藤光男〕），会社が支配株主との間でMBO等の組織再編を行う場合のような実質的な利益相反が認められる事案では，取締役の経営判断をどのような基準で審査すべきかという問題が残存している（黒沼135頁）。

〈類題〉
・取締役の業務執行上の誤りによって会社が損害を被った場合，取締役に責任を追及することができるかについて論ぜよ。

〔坂東　洋行〕

# Ⅲ−14　内部統制システムの構築義務

取締役会設置会社における内部統制システム構築義務について論ぜよ。

〔論点〕
・取締役の内部統制システム構築義務の根拠。
・内部統制システム構築義務に対する司法審査の方法。

## 1　問題の所在

　会社法は，取締役会を設置する大会社（会社2条6号）に対して「取締役の職務の執行が法令及び定款に適合することを確保するための体制その他株式会社の業務並びに当該株式会社及びその子会社から成る企業集団の業務の適正を確保するために必要なものとして法務省令で定める体制」（内部統制システム）の整備について取締役会で決定することを義務付けている（会362条4項6号・5項）。それでは，他の取締役や会社の従業員が法令違反行為等を行った場合に，取締役は内部統制システムに欠陥があったことを理由に，任務を怠ったとして，会社に対して損害賠償責任（会423条1項）を負うのかが問題となる。

## 2　取締役の監視義務

　取締役は会社に対して善良なる管理者の注意をもって委任事務を処理する義務を負う（善管注意義務。会330条，民644条）。そして，取締役は，会社の業務執行につき監督する地位にある取締役会（会362条2項2号参照）の構成員として，「会社に対し，取締役会に上程された事項についてだけ監視するにとどまらず，代表取締役の業務執行一般につき，これを監視し，……取締役会を通じて業務執行が適正に行われるようにする職務を有する」（最判昭和48年5月22日民集27巻5号655頁）。したがって，取締役は，他の取締役や従業員の法令違反行為等について，取締役会を招集するなどして積極的に注意を尽くして監視することが求められる。

## 3　内部統制システム構築義務の根拠

　もっとも，実際には，大規模な会社においては他の取締役や従業員の法令違反行為等について，当該行為等を予見し，または予見することができず，監視義務違反を認定することは困難になる。そこで，内部統制システムを構成する，事前の社内情報収

集体制や法令違反行為等防止体制等を構築したりすることによって他の取締役や従業員に対する監視義務を履行することが可能となる。判例もまた，取締役が内部統制システム（リスク管理体制）構築義務を負うことを示している（最判平成21年7月9日判時2055号147頁，大阪地判平成12年9月20日判時1721号3頁等参照）。したがって，監視義務を履行するに当たって，取締役は他の取締役や従業員の法令違反行為等を防止するために，内部統制システムを構築しなければならず，内部統制システムが構築されていないために，他の取締役や従業員の法令違反行為等を防止することができなかった場合には，たとえ自らが法令違反行為等に関与していなくとも，「任務を怠った」（会社423条1項）として会社に対して損害賠償責任を負い得る。

## 4　取締役の内部統制システム構築義務に対する司法審査

　取締役が全く内部統制システムを構築していないような場合には，それ自体が任務懈怠として責任を負い得る。しかし，一定程度の内部統制システムを構築しているような場合に，当該内部統制システムに欠陥等があったとして，取締役の内部統制システム構築義務違反があったか否かをどのように判断するのかが問題となる。

　この点，例えば，「通常想定される架空売上げの計上等の不正行為を防止し得る程度の管理体制は整えていた」とし，内部統制システム構築義務違反を否定するものもある（前掲最判平成21年7月9日）。ここでは，発生した法令違反行為等が通常想定されるものであったのか，そして，それを防止し得る体制が構築されていたのかにより判断されていると考えられる。したがって，もし，法令違反行為等が通常想定されるものではない場合等には内部統制システム構築義務違反が否定される。また，どのような内部統制システムを構築するのかは高度な経営判断を伴うものであり，取締役に広い裁量が認められる（前掲大阪地判平成12年9月20日，大阪高判平成18年6月9日判時1979号115頁等参照）。そのため，内部統制システムに不備があったということを主張立証する場合には，システムの具体的不備，本来構築されるべきシステムの具体的内容および当該体制を構築することによる結果の回避可能性という点を主張立証しなければならない（東京地判平成16年5月20日判時1871号125頁参照）。

〈類題〉
・取締役会設置会社以外における取締役の監視義務についてについて論ぜよ。
・大規模企業において従業員が違法行為をした結果，第三者に損害を生じさせた場合，取締役が内部統制システム構築義務違反を理由に当該第三者に対して責任を負うかについて論ぜよ。

〔南　健悟〕

98

## Ⅲ-15　競業避止義務

> 取締役の競業避止義務につき論じ，次の事例における会社法上の問題点を検討せよ。
>
> A社は鮮魚店の運営を業とする会社である。A社の定款には，会社の目的として，①鮮魚店の運営，②レストランの運営，③釣具の製造・販売などが記載されていた。A社は，①の事業を行い，②の事業は進出予定であったが，③の事業を行う予定はなかった。A社の取締役甲は，①の事業を行うB社の代表取締役となった。その後，B社は，②や③の事業も開始した。

〔論点〕

・会社と取締役の利益が衝突する場面での取締役の義務の内容はどのようなものか。

・競業取引とはどのような取引をいい，これについてはどのような規制がなされているか。

・競業取引規制に違反した場合，その取引の効力はどうなるか。

・競業取引に関して，取締役はどのような責任を負うか。

### 1　取締役の義務

　取締役は，会社に対して善管注意義務（会330条，民644条）および忠実義務（会355条）を負っている。一内容として，取締役は，会社の犠牲のもとで自己の利益を図ってはならないという義務を負う。会社法は，会社と取締役の利益が衝突する典型的な場面について，競業取引規制と利益相反取引規制をおいている（会356条）。以下，競業取引規制を中心に扱う。

### 2　競業取引規制の趣旨

　競業取引とは，取締役が，会社の事業と競合する取引を行うことをいう。会社法は，取締役が自己または第三者のために株式会社の事業の部類に属する取引をしようとするときは，会社における承認手続等を経ることを求める（会356条1項1号・365条。なお，会419条2項）。

　取締役が，会社の事業と競合する事業をすれば，会社の競争者となり，顧客を奪い合う関係となる。取締役は，会社のノウハウや顧客情報などを知りうる立場にあり，

特にそれらを利用する場合には，会社の利益の犠牲のもとで自己の利益を図ることとなる。

　会社法は，競業取引にはこのような危険性があることをふまえつつ，取締役の職務外の活動の自由とのバランスを図り，また取締役としての有能な人材確保という観点からも，競業取引を禁止するのではなく，一定の規制の遵守を条件に取引を行うこと自体は認めている（中東正文ほか『会社法〔第2版〕』〔有斐閣，2021年〕88〜89頁）。

### 3　競業取引規制の内容

(1)　**規制の対象となる取引**　　競業取引規制の対象となる取引は，取締役が「自己又は第三者のために」行う「会社の事業の部類に属する取引」である（会356条1項1号）。

### ア　自己または第三者のために

　「自己又は第三者のために」の意味について，通説は，自己または第三者の計算で取引をすることと解する（計算説）（江頭454頁）。この考え方は，取引の実質的な利益が取締役または第三者に帰属するかを基準とする。これに対して，自己または第三者の名で取引をするという意味と解する見解もある（名義説）（相澤＝葉玉＝郡谷・論点解説324頁）。取締役または第三者が，会社の承認を得ずに利益を得た場合には，後述の損害額推定規定（会423条2項）を適用すべきことや，利益相反取引の規制と異なり，間接取引にあたる規制（会356条1項3号参照）もないことから，計算説が支持される（伊藤ほか230頁）。

　裁判例には，取締役が，競合する会社の取締役ではなかったものの，その株式のほとんどを取得して，事実上の主宰者として競業行為を行うことについて，競業取引にあたるとしたものがある（東京地判昭和56年3月26日判時1015号27頁）。また，取締役が，競業関係にある会社に対して人的物的援助を与え続けたなどの事実関係のもとで，その会社の株式の過半数を保有していなかったとしても，事実上の主宰者として経営を支配してきたという事例において，競業避止義務違反を認めたものもある（大阪高判平成2年7月18日判時1378号113頁。名古屋高判平成20年4月17日金判1325号47頁も参照）。

### イ　会社の事業の部類に属する取引

　「会社の事業の部類に属する取引」とは，会社が実際にその事業において行っている取引と，目的物（商品・役務の種類）と市場（地域・流通段階など）が競合する取引をいう。通説は，会社が実際に事業の目的として行っているかを基準とする（会社法コンメ(8)67頁〔北村雅史〕）。定款に記載があっても，会社が全く行っていない取引については規制の対象とならない（商事法講義(1)161頁）。一方，会社が現時点では行っていなくとも，進出のための準備を進めている事業については，規制の対象とさ

れる（前掲東京地判昭和56年3月26日）。このような場合に，会社の進出が阻まれることとなると，会社が害されることとなりかねないためである（久保田安彦ほか『会社法判例40！』〔有斐閣，2019年〕32頁〔舩津浩司〕）。

なお，規制の対象は「取引をしようとする」ことであるから，競合する他社の業務執行をしない取締役に就任したのみでは，規制の対象とならない（田中251頁）。

(2) **会社の承認等**　　取締役が，自己または第三者のために株式会社の事業の部類に属する取引をしようとするときは，株主総会（普通決議）において，当該取引につき重要な事実を開示し，その承認を受けなければならない（会356条1項1号）。取締役会設置会社の場合は，取締役会がこの承認を行う（会365条1項）。これらの決議において，当該取引をしようとする取締役は，特別利害関係人に該当する（会369条2項・831条1項3号）。

重要な事実とは，取引の相手方，取引の種類，目的物，数量，価格等，会社が承認すべきか判断するための事実を指す（会社法コンメ(8)73頁〔北村雅史〕）。

実務的には，取引の都度承認を得るのは煩雑であることから，代表取締役への就任時等に包括的に承認を得ることが多いとされる（髙橋ほか200頁）。

取締役会設置会社では，取締役は，当該取引後，遅滞なく，当該取引について重要な事実を取締役会に報告しなければならない（会365条2項。過料の制裁について，会976条23号）。

(3) **事例の検討**　　事例において，A社の取締役甲が，B社の代表取締役となり，①鮮魚店の運営事業にかかわる取引をしようとすれば，競業取引に該当し，規制の対象となる。次に，②レストランの運営事業についても，A社が進出の準備を行っている以上，これにかかわる取引をしようとすれば，規制の対象となる。一方で，③釣り具の製造・販売事業については，A社の定款に記載はあっても，A社が全くこれを行っておらず，進出の予定もないとのことであれば，規制の対象とならない。

## 4　規制に違反した場合の取引の効力

競業取引規制に違反してなされた取引の効力について，取締役が，事前の承認を受けずに競業取引を行った場合でも，当該取引は無効とはならない。取引の相手方の保護（取引の安全）を図ることに加え，競業取引は取締役と会社以外の者との取引であり，仮に無効としたとしても，取引の相手方が会社と取引をし直すとは限らず，会社の救済とはならない可能性があるためである（前掲中東ほか『会社法〔第2版〕』89頁）。

## 5　任務懈怠責任

取締役により競業取引が行われた場合の会社の事後的な救済は，取締役の任務懈怠責任（会423条1項）の追及により図られる。

　競業取引について事前の承認を受けたか否かにかかわらず，取締役に任務懈怠が認められ，それにより会社に損害が生じた場合には，取締役は責任を負う。事前の承認を受けていない場合には，会社法に違反する行為となり（法令違反），それが任務懈怠となる。

　事前の承認を受けなかったことの効果として，取締役・執行役または第三者の得た利益の額が，任務懈怠責任における会社の損害の額と推定される（会423条2項。前掲名古屋高判平成20年4月17日，東京地判平成28年4月18日裁判所ウェブサイト参照）。競業取引による会社の損害の証明は困難であることから，会社の証明の負担を軽減するとともに，取締役に対して，当該取引により得た利益の吐き出しを要求する趣旨である（会社法コンメ(8)75頁〔北村雅史〕）。なお，競業取引を「しようとするとき」（会356条1項1号）には事前に承認を得なければならないことから，仮に事後に承認を受けたとしても，この推定規定は適用される（伊藤ほか231頁）。

## 6　競業避止義務に関連する問題

(1)　**会社の機会の奪取**　　会社が関心を持つはずの新規事業の機会等について，取締役が自分でその事業や取引等を行うことが，忠実義務違反となることがある（江頭456頁）。

(2)　**取締役退任後の競業行為と従業員の引抜き**　　取締役を退任した後の競業行為は，原則として自由である（江頭458頁）。退任後の競業を制限するためには，その旨の特約を締結する必要があるが，営業の自由の尊重の観点から，その効力は合理的な範囲に限定される（龍田＝前田89頁）。

　他方で，取締役が，退任した後に，会社と競合する事業を行う準備として，会社の従業員の引抜きを行うことは，忠実義務違反となることがある。これについては，Ⅲ－17を参照。

〈類題〉

・取締役退任後の競業について，契約により，どこまで制限することができるか論ぜよ。

〔山本　将成〕

# Ⅲ－16　利益相反取引

取締役が会社から金銭を賃借する場合，取締役の個人的な債務につき株式会社が債務引受けをする場合，株式会社が約束手形を取締役に振り出す場合，会社法上いかなる手続が必要か，また，当該手続を履践しなかった場合における上記の各行為の効力について論ぜよ。さらに，上記の各行為により，株式会社に損害が生じた場合に，同社の取締役はいかなる責任を負うかについて論ぜよ。

〔論点〕
- 利益相反取引をする場合における会社法上の手続。
- 利益相反取引の該当性。
- 利益相反取引の規制に違反した場合における当該取引の効力。
- 利益相反取引により会社に損害が生じた場合における取締役の損害賠償責任。

## 1　利益相反取引の規制

　取締役が，自己のために（当事者として），または第三者のために（他人の代理人・代表者として），株式会社と取引（直接取引）をしようとするとき，もしくは株式会社が取締役の債務を保証すること，その他取締役以外の者との間で株式会社と取締役の利益が相反する取引（間接取引）をしようとするときには，取締役は会社の犠牲において自己または第三者の利益を図る可能性が高い。

　これを形式的に防止すべく，取締役がかかる利益相反取引をする場合には，取締役会設置会社以外の会社においては，取引の種類，目的物，数量，価格，履行期，取引の期間等，その取引につき重要な事実を開示して株主総会の承認を受けなければならず（会356条1項2号・3号），取締役会設置会社においては，重要な事実を開示して取締役会の承認を受けなければならない（会365条1項。ただし，会社と利益が衝突する取締役は，取締役会による承認の決議に際し，議決に加わることができない（会369条2項）。また，利益相反取引が会社法362条4項1号または2号にいう重要な財産の処分等に該当するときには，同条項に基づく取締役会決議も必要となる）。反復継続的に行われる利益相反取引については，上記の承認は，合理的な範囲を定めてあ

る程度包括的に行うことができる（会社法コンメ(8)84頁〔北村雅史〕）。

　取締役会設置会社では，利益相反取引をした取締役は，取引後，遅滞なく，当該取引についての重要な事実を取締役会に報告しなければならない（会365条2項）。株式会社に損害が生じた場合等に適切な事後措置をとることを可能にするためである。

　なお，利益相反取引につき取締役会の承認を欠く場合であっても，利益相反取引規制は，会社すなわち株主全員の利益保護のための規制であることから，株主全員の同意があるときには，当該取引は有効なものとしてよいと解されている（最判昭和49年9月26日民集28巻6号1306頁）。

## 2　利益相反取引の該当性

　直接取引の例としては，製品等会社財産の譲受け，会社に対する財産の譲渡し，金銭の賃借等が挙げられるが，会社が取締役から無利息，無担保で貸付けを受ける（最判昭和38年12月6日民集17巻12号1664頁等），または債務を履行する（大判大正9年2月20日大審院民事判決録26輯184頁）等，抽象的にみて会社に損害が生じない取引については，株主総会または取締役会の承認は不要である（江頭458-459頁）。

　他方，取締役の債務について会社が第三者と連帯保証契約を締結する場合（最判昭和45年3月12日判時591号88頁），取締役の債務について会社が物上保証する場合（東京地判昭和50年9月11日金法785号36頁），2つの会社の代表取締役を兼任する者が，一方の会社を代表して他方の会社の債務保証する場合（最判昭和45年4月23日民集24巻4号364頁）等の間接取引も，外形的・客観的に会社の犠牲において取締役に利益が生じる危険性がある行為であり，利益相反取引の規制に服する。

　また，本問におけるように，取締役の債務につき会社が第三者と債務引受契約を締結する場合についても，最大判昭和43年12月25日民集22巻13号3511頁は，会社法356条（平成17年改正前商法265条）の法意が，「取締役個人と株式会社との利害相反する場合において，取締役個人の利益を図り，会社に不利益な行為が濫りに行なわれることを防止しようとする」ことにあるとした上で，「同条にいわゆる取引中には，取締役と会社との間に直接成立すべき利益相反の行為のみならず，取締役個人の債務につき，その取締役が会社を代表して，債権者に対し債務引受をなすが如き，取締役個人に利益にして，会社に不利益を及ぼす行為も，取締役の自己のためにする取引として，これに包含されるものと解すべきである」として，利益相反取引の該当性を肯定する。

　会社が取締役に約束手形を振り出した場合に，利益相反取引規制の適用があるか否かにつき，最判昭和46年10月13日民集25巻7号900頁は，「手形行為は，単に，売買，消費貸借等の実質的取引の決済手段としてのみ行われるものではなく，簡易かつ有効な信用授受の手段としても行われ，また，約束手形の振出人は，その手形の振出により，原因関係におけるとは別個の新たな債務を負担し，しかも，その債務は，挙証責

任の過重，抗弁の切断，不渡処分の危険等を伴うことにより，原因関係上の債務よりもいっそう厳格な支払義務である」ことを理由として，その適用を肯定する。

　本問では，取締役が会社から金銭を賃借する場合，取締役の個人的な債務につき株式会社が債務引受けをする場合，および株式会社が約束手形を取締役に振り出す場合について，各行為の利益相反取引の該当性が問題とされているところ，上記の判例に照らせば，いずれもその該当性が肯定されることになる。そのため，これらの行為をする場合には，1で述べた会社法が定める手続を履践する必要がある。

## 3　利益相反取引の規制違反の効果

　株主総会または取締役会の承認を受けた取締役の利益相反取引は有効になり，当該取引が自己契約または双方代理になる場合でも，民法108条は適用されない（会356条2項）。

　これに対し，株主総会または取締役会の承認を受けない利益相反取引は，民法108条が適用され，無権代理行為となる。ただし，株主総会または取締役会による承認手続が取引後に行われた場合には，無権代理の追認のように，無効の取引をはじめに遡って有効にすると解されている（髙橋ほか210頁）。

　株主総会または取締役会の承認を欠く場合に，株式会社は，取締役または取締役が代理もしくは代表した直接取引の相手方に対しては，常に直接取引の無効を主張することができるが（通説），取締役の側から直接取引の無効を主張することはできないものと解されている（最判昭和48年12月11日民集27巻11号1529頁）。

　債務引受けのような間接取引の相手方に対して，株式会社が当該債務引受けの無効を主張することができるか否かにつき，前掲最大判昭和43年12月25日は，「会社以外の第三者と取締役が会社を代表して自己のためにした取引については，取引の安全の見地より，善意の第三者を保護する必要があるから，会社は，その取引について取締役会の承認を受けなかったことのほか，相手方である第三者が悪意（その旨を知っていること）であることを主張し，立証して始めて，その無効をその相手方である第三者に主張し得るものと解するのが相当である」と判示し，いわゆる相対的無効説をとることを明らかにした。相対的無効説に対しては，実定法上の根拠が薄弱であるとの批判はあるものの，その政策的妥当性に反対する見解は少ない（江頭463頁）。なお，重過失のある第三者は悪意者に含まれると解されている（百選117頁〔山本爲三郎〕）。

　会社が取締役に約束手形を振り出した場合についても，前掲最判昭和46年10月13日は，「手形が本来不特定多数人の間を転々流通する性質を有するものであることにかんがみれば，取引の安全の見地より，善意の第三者を保護する必要があるから，会社がその取締役に宛てて約束手形を振り出した場合においては，会社は，当該取締役に対しては，取締役会の承認を受けなかったことを理由として，その手形の振出の無効

を主張することができるが，いったんその手形が第三者に裏書譲渡されたときは，その第三者に対しては，その手形の振出につき取締役会の承認を受けなかったことのほか，当該手形は会社からその取締役に宛てて振り出されたものであり，かつ，その振出につき取締役会の承認がなかったことについて右の第三者が悪意であったことを主張し，立証するのでなければ，その振出の無効を主張して手形上の責任を免れえないものと解するのを相当とする」と判示し，相対的無効説を採用した。現在の通説も，判例と同じく手形行為について相対的無効説を採る（会社法コンメ⑻89頁〔北村雅史〕）。

## 4　取締役の損害賠償責任

　株主総会または取締役会の承認を受けたか否かにかかわらず，利益相反取引により会社に損害が生じた場合には，当該取引に関し任務懈怠のある取締役は，株式会社に対し損害賠償責任を負う（会423条1項）。この場合，直接取引の相手方である取締役もしくは第三者のため会社と取引をした取締役または間接取引において会社と利益が相反する取締役（同条3項1号），会社を代表して利益相反取引をすることを決定した取締役（同項2号），当該取引に関する取締役会の承認決議に賛成した取締役は，その任務を怠ったものと推定される（同項3号。当該取締役会決議について，取締役会議事録に異議をとどめなかった取締役は，これに賛成したものと推定される（会369条5項））。その趣旨は，独立当事者間取引でない取引の危険性に鑑み，上記の取締役に特に慎重な判断を要求することにある（江頭498頁）。ただし，監査等委員会設置会社において，監査等委員以外の取締役が，利益相反取引につき監査等委員会の承認を受けたときは，任務懈怠の推定規定は適用されない（会423条4項）。

　会社法423条3項各号に定める取締役に任務懈怠の推定がなされても，取締役の責任は，原則として，過失責任であることから，取締役の側で自己の無過失を立証することができれば，任務懈怠責任を免れることができる。もっとも，利益相反取締役のうち直接取引をした取締役の責任は，任務を怠ったことが当該取締役の責めに帰することができない事由によるものであることをもって免れることができず，いわゆる無過失責任とされている（会428条1項）。直接取引を行った取締役の責任が無過失責任とされているのは，行為当時の事情にかかわらず，当該取締役が取得した利得を保持させることは適切でないと考えられるからである（髙橋ほか227頁）。

〈類題〉

・利益相反取引をする場合において会社法上必要な手続について論ぜよ。

・利益相反取引規制に違反した場合の当該取引の効力について論ぜよ。

・利益相反取引により会社に損害が生じた場合の損害賠償責任について論ぜよ。

〔尾形　祥〕

# Ⅲ-17　従業員の引き抜き

> 取締役が，在職中に従業員に退職勧奨を行い，従業員を引き抜き，自身が
> 経営する別会社に移籍させた場合における会社法上の問題点について論ぜ
> よ。

〔論点〕
・取締役の義務と従業員の引き抜き行為。
・従業員の引き抜きが忠実義務違反になる場合。
・従業員の引き抜き行為による損害賠償の範囲。

## 1　取締役の義務と従業員の引き抜き行為

　会社法上，取締役はその地位を利用し会社の利益を犠牲に自己の利益を図ってはならず，競業取引および利益相反取引に関する規制が定められている（会356条1項各号・365条1項）。本問のような従業員の引き抜き行為は，会社から事業上の重要な機密情報等が競業会社に流出する危険性を孕み，新たな人材を手当するためのコスト負担を会社に強いることから，会社と取締役との間で利益衝突が生じる場面の一つといえる。しかしながら，従業員を引き抜くこと自体は「事業の部類に属する取引」（会356条1項1号）とはいえず，取締役の競業取引の規定が適用されないといわれている。そこで，一般的に，取締役による従業員の引き抜き行為は，会社法に個別に規定されてはいないものの，会社の利益を犠牲に自己の利益を図るような行為であるとして，忠実義務（および善管注意義務）違反になると解されている（会330条・355条）。また，実際の訴訟では，取締役に対して，忠実義務違反および競業避止義務違反を同時に争う場合が多いようである（野村修也＝松井秀樹編『実務に効く コーポレート・ガバナンス判例精選』〔有斐閣，2013年〕183頁〔嘉納英樹＝大橋さやか〕）。

　会社法上の取締役の義務は，在任中の義務であるので退任後に従業員に対し退職勧奨して引き抜く行為は原則としては問題とならないものとされている。たとえば，東京地判平成5年8月25日は「会社の取締役…は，その退任後…においては，その一切の法律関係から解放されるのであって，在任…中に知り得た知識や人間関係等をその後自らの営業活動のために利用することも，それが旧使用者の財産権の目的であるよ

うな場合又は法令の定め若しくは当事者間の格別の合意があるような場合を除いては，原則として自由なのであって，退任…した者が，旧使用者に雇用されていた地位を利用して，その保有していた顧客，業務ノウハウ等を違法又は不当な方法で奪取したものと評価すべきようなときでない限り，退任…した者が旧使用者と競業的な事業を開始し営業したとしても，直ちにそれが不法行為を構成することにはならないものと解するのが相当である」と判示している。ただし，同判決からも分かるように，引き抜き行為の態様によっては，民法上の不法行為責任（民709条）が問われる可能性があることには注意しなければならない（その他にも，不正競争防止法上の差止めの対象になること〔不正競争防止法2条1項7号等〕もある）。

　そこで，実務上，会社は取締役との間において退任後の秘密保持・競業禁止特約を締結することがほとんどである。このような秘密保持・競業禁止特約は，取締役の職業選択の自由を侵害する可能性があることから（憲法22条1項），①取締役の社内での地位，②営業秘密・得意先維持等の必要性，③地域・期間など制限内容，④代償措置などさまざまな要素を考慮し，公序良俗に反しない限りで有効であると解されている（東京地決平成5年10月4日金判929号1頁ほか）。ちなみに，いくつかの裁判例では，秘密保持・競業禁止特約を締結していなかったとしても，退任取締役が会社の取引先を奪う目的のみで別会社を設立する等，自由競争の範囲を超えた不正行為があると認められた場合，民法上の不法行為責任が問われている（大阪地判平成14年1月13日金判1161号37頁，東京地判平成13年9月18日金判929号11頁ほか）。

## 2　従業員の引き抜きが忠実義務違反になる場合

　取締役の忠実義務違反が問われるのは，前述した通り，その在任中に従業員に対して退職勧奨及び引き抜き行為が行われた場合である。そもそも，学説上，取締役が独立することを企図し，その在任中に会社と同一または類似した別会社を設立して従業員をそのまま引き抜いた場合，会社法上の競業避止義務違反に該当することが多いといわれている（会社法コンメ(8)58頁〔近藤光男〕）。裁判例の中にも，同様の事案において，取締役の競業避止義務違反を認めたものがある（東京地判昭和45年7月23日判時607号81頁）。

　取締役による従業員の引き抜き行為について，学説は，①その在任中に会社の従業員に対して退職勧奨を行った時点で当然に忠実義務違反を認める厳格説と②取締役と引き抜かれた従業員との関係性等さまざまな事情を考慮し，その引き抜き行為が不当な態様のものといえる場合に忠実義務違反を認める不当勧誘説に大別できる。厳格説は，取締役が退任を予定していたとしても，その在任中は会社の利益を優先すべきであり，従業員の引き抜き行為が取締役個人の利益から離れてなされることは通常考えられないこと等をその根拠としている（青竹正一「取締役の従業員引抜きによる責

任」『現代企業・金融法の課題（上）』〔信山社，2001年〕25頁）。他方で，不当勧誘説は，その根拠として，日本の会社では，上司と部下が勤務時間内外を含む濃密な関係を構築し，上司である取締役が，会社に対する義務として本来求められる以上に部下である従業員に仕事のノウハウ等を伝授していることも少なくないことから，上司である取締役が子飼いの部下として育てた従業員を引き抜くことが当然に忠実義務違反になることは酷であることを挙げている（江頭憲治郎「判批」ジュリ1081号（1995年）124頁）。このような従業員の引き抜きをめぐる紛争の背景には，会社内における共同経営者間の対立が往々にしてあり，会社（残る側）と退任取締役（追い出される側）との間での人材分捕り合戦としての実態があることを考慮すべきであるという。そこで，不当勧誘説は，取締役の退任の事情，取締役と従業員との関係（自ら教育した部下であるか否か），引き抜かれた従業員の人数など会社に与える影響等を総合し，従業員の引き抜き行為が不当な態様であると認められる場合に取締役に対して忠実義務違反があるとしている（江頭457頁，田中288頁）。

　従来の裁判例は，学説上の議論と同様に，従業員の引き抜き行為の態様を問わずに取締役の忠実義務違反を認める裁判例（東京地判平成19年4月27日ほか）と，その従業員の引き抜き行為の態様を考慮し取締役の忠実義務違反を認める裁判例（東京地判平成22年7月7日判タ1354号176頁，千葉地松戸支決平成20年7月16日金判1863号139頁，東京地判平成11年2月22日判時1685号121頁ほか）に分かれており，どちらが支配的であるかは必ずしも明確にはいえない。ただし，近年の裁判例は後者の立場に近いものが多いとの指摘もあり，そこでは従業員を引き抜いた目的および会社に対する影響が重大であったか否かが主に考慮されているといわれている（伊藤靖史「取締役：競業取引・従業員の引き抜き」法学教室479号〔2020年〕94頁）。

## 3　従業員の引き抜き行為による損害賠償の範囲

　従業員の引き抜き行為が取締役の忠実義務違反に該当する場合，会社がどこまで取締役に対して損害賠償請求ができるかが問題となる。そこで，会社は，取締役に対し損害賠償請求するにあたって，取締役の任務懈怠および任務懈怠と損害の因果関係を立証することとなる（会423条1項）。前述した厳格説を採用するならば，会社は，取締役の任務懈怠があったとして，退職勧奨が行われた事実およびそれによって損害が発生した事実を挙げ，どのような内容の損害であるのか，また，取締役による退職勧奨と損害との間に因果関係があることを立証することになる（論点体系157頁〔酒井太郎〕）。他方で，不当勧誘説を採用するのであれば，会社は，任務懈怠の事実を明らかにするため，退職勧奨が行われた事実だけではなく，不当な態様の退職勧奨（および引き抜き行為）があったことを立証しなければならなくなる（論点体系157頁〔酒井太郎〕）。ただし，現実には，従業員の引き抜き行為と因果関係のある損害を特定す

ることは容易ではないといわれている（田村詩子「判解」別冊ジュリ180号〔2006年〕127頁）。そこで，近年の裁判例を見ると，損害の発生が認められるものの損害の性質上その額の立証が困難であるときに裁判所が相当な損害額を認定できるとする民事訴訟法248条に基づき，裁判所に損害額の認定を請求する事案（大阪高判平成10年5月29日判時1686号117頁ほか）が増加していると指摘されている（嘉納＝大橋・前掲184頁）。

　従業員の引き抜き行為によって発生する損害としては，従業員が退職しなければ得られたといえる逸失利益・従業員に対する教育費用・従業員の募集費用等の有形損害，会社の信用低下等による無形損害が考えられる。まず，会社の逸失利益であるが，従来の裁判例からすると比較的認められやすい損害といわれており，裁判所は何らかの形で逸失利益を限定する傾向にある（例えば，従業員が退職後から三ヶ月程度の会社利益に限定して逸失利益と認定している〔東京高判平成元年10月26日金判835号23頁〕）。

　次に，逸失利益以外の有形損害であるが，裁判所は，逸失利益よりも詳細な検討を行い，会社の損害を認定していると指摘されている。たとえば，従業員の教育費用の場合，新人社員に対し2カ月間の研修期間を定め，その期間中は売上実績による歩合給ではなく固定給が支払われており売上も上げていなかった場合，この固定給を研修費用として会社の損害を認めた（前掲東京地判平成11年2月22日）。一方で，引き抜かれた従業員の教育期間中に支払われた給与につき，新規に従業員を採用する場合の一般的必要経費といえるものは，従業員が実際に労務を提供しているとして会社の損害を認めなかった（前掲東京高判平成元年10月26日）。また，従業員の募集費用の場合も，会社にとって大量に従業員を引き抜かれると新たな人材をすぐに補充しなければ業務に支障をきたすことから，会社の損害に当たるとしているが（東京高判平成16年6月24日判時1875号139頁），従業員の定着率が低く雇用の流動性も高い業種だったこともあり，恒常的に募集広告を出していた場合には，会社の損害として認めなかった（前掲東京地判平成11年2月22日）。

　最後に，会社の信用低下等による無形損害であるが，ほとんどの裁判例では認められていない。このような無形損害を認める数少ない裁判例（前掲大阪高判平成10年5月29日）も，社会的信用の低下によってどのような損害が発生したのかに関して十分な判断が行われたのか疑問が呈されている（嘉納＝大橋・前掲185頁）。

〈類題〉

・従業員の引き抜き行為が取締役の忠実義務違反として認められる場合とは如何なる場合か論ぜよ。

・取締役による従業員の引き抜き行為で認められる損害賠償の範囲について論ぜよ。

〔林　孝宗〕

## Ⅲ－18　報酬規制

取締役の報酬規制について論ぜよ。

〔論点〕
・報酬規制の構造と規制の制度趣旨。
・報酬に関して定款または株主総会で決定すべき事項に関する規制。
・一定の監査役会設置会社における報酬等の決定方針の決定。

### 1　報酬規制の趣旨

　取締役の報酬は，定款の定めまたは株主総会の決議によって定める（会361条1項：ここでは委員会を設置しない会社について取り扱う）。取締役の報酬には，「賞与その他の職務執行の対価として株式会社から受ける財産上の利益」も「報酬等」として同じ規制に服する（会361条1項）。

　取締役と会社との関係は委任に関する規定に従う（会330条）から，取締役は特約がない限り会社に対して報酬を請求できず，原則として無償である（民648条1項）ものの，通常は会社・取締役間の任用契約において明示的または黙示的に報酬を有償とする特約があると解される（大阪高判昭和43年3月14日金判102号12頁）。そこで，判例は，取締役が会社から受ける報酬の決定自体は業務執行に属するので，取締役会および代表取締役が決定することができてしかるべきであるが，これらの者に自己または同僚の報酬を定めさせると，いわゆる「お手盛り」が生じ公正な報酬額の決定が期待できないから，お手盛りを防止し会社・株主の利益を保護するために規定されたと解する（最判昭和60年3月26日判時1159号150頁）。すなわち，結局は株主が報酬の公正さを判断することで，報酬の高額化によって会社・株主の利益を害する危険を避けようとする規制となっている。

　この観点からすれば，定款の定めや株主総会の決議によって個々の取締役ごとに報酬等を定めることまでは必要とされず，取締役全員に支給する総額等のみを定めて，各取締役に対する具体的配分は取締役の協議等に委ねることもできる（取締役会設置会社では取締役会の決定になろう）。

## 2　報酬等に関して決定すべき事項

定款または株主総会で決定すべき事項は，報酬の形態によって次の①〜④にわかれる。

①確定金額報酬　金額が確定しているものについては，その額（会361条1項1号）である。実務上，株主総会の決議で取締役全員の総額の最高限度額を定め，その範囲内で各取締役の報酬額の決定を取締役会（取締役会非設置会社では取締役の過半数）に一任することが多い。

②不確定金額報酬　金額が確定していないものについては，その具体的な算定方法（会361条1項2号）である。これには，賞与や業績連動型報酬（取締役報酬控除前の税引前当期純利益の10％等）が含まれる。

③エクイティ報酬　エクイティ報酬（募集株式・募集新株予約権：会361条1項3号〜5号）については，Ⅲ－19を参照。

④非金銭報酬　金銭でないもの（エクイティ報酬を除く）については，その具体的な内容である（会361条1項6号）。現物給付（低賃料による社宅の提供等），退職年金の受給権・保険金請求権の付与等の場合である。

①〜④の新設または改定に関する議案を株主総会に提出した取締役は，その株主総会で当該事項を相当とする理由を説明しなければならない（会361条4項）。株主が株主総会において当該議案について賛否を決する上で重要な情報であるからである。

## 3　報酬等の決定方針の決定

上場会社では報酬決定手続の透明性を高めることが強く求められている。そこで，公開会社かつ大会社であって有価証券報告書提出義務を負う監査役会設置会社については，取締役の個人別の報酬等の内容についての決定に関する方針（報酬等の決定方針）を決定しなければならない（会361条7項本文・1号）。ただし，取締役の個人別の報酬等の内容が定款または株主総会の決議により定められているときは，この限りでない（同項ただし書）。この規制は，定款または株主総会の決議で取締役の個人別の報酬等の内容を定めず，前述2①のように取締役の個人別の報酬額の決定を取締役会に一任している会社について適用される。これは，報酬等の決定方針を定めさせることで取締役会における報酬の決定手続の透明性を高めるためである（これにより，指名委員会等設置会社の報酬規制に近づくことになる）。

〈類題〉

・監査等委員会設置会社における取締役の報酬規制について，監査等委員以外の取締役と監査等委員である取締役に分けて論ぜよ。

・指名委員会等設置会社における取締役と執行役の報酬規制について論ぜよ。

〔大久保　拓也〕

# Ⅲ-19　エクイティ報酬

取締役のエクイティ報酬規制について論ぜよ。

〔論点〕
・エクイティ報酬の法的位置づけとその付与に関する規制。
・指名委員会等設置会社とそれ以外の会社におけるエクイティ報酬規制。
・上場会社におけるエクイティ報酬に関する特則。

## 1　エクイティ報酬の法的位置づけ

　取締役に対して会社の業績に応じて変動するタイプの報酬を付与することがある。この場合，取締役は，会社の業績を高めれば報酬も連動して高くなるため，業績を高めるインセンティブ（動機）が生ずることになる。こうしたインセンティブ報酬の一つにエクイティ報酬がある。エクイティ報酬は，取締役に株式や新株予約権を報酬等として付与することをいうものである。

　エクイティ報酬も取締役の報酬規制に服するものであり（会361条1項3号～5号），指名委員会等設置会社以外の会社では，定款の定めまたは株主総会の決議により決定され（会361条1項），指名委員会等設置会社では報酬委員会により決定される（会409条3項3号～5号。報酬規制の概要については，Ⅲ-18を参照）。

　新株予約権を取締役が職務執行の対価として得た場合には，取締役の会社に対する責任の一部免除との関係では，免除限度額算定の基準に含まれる（会425条1項・426条1項・427条1項）。

## 2　株式報酬

　エクイティ報酬の一つが株式報酬である。会社法上，取締役の職務執行の対価としてエクイティ報酬が付与される場合は，株式の発行規制のほか，報酬規制を受けることになる。

　株式報酬が付与された場合，取締役がそれを直ちに譲渡してしまうとインセンティブ報酬として機能しない。そこで一定の期間（例えば4年間）譲渡禁止にすること等の条件を定めておくことが多い。報酬規制としては，募集株式について，その数の上限，その他法務省令で定める事項を定めることが求められる（会361条1項3号）。法

務省令で定めるのは，①一定の事由が生ずるまで譲渡を禁止するときは，その旨および当該一定の事由の概要，②一定の事由が生じたことを条件として当該募集株式を会社に対して無償で譲渡させるときは，その旨および当該一定の事由の概要，③取締役に対して①・②以外に当該募集株式を割り当てる条件を定めるときは，その条件の概要である（会規98条の２）。

## 3　ストック・オプション

エクイティ報酬として，新株予約権が付与される場合もある。新株予約権とは，あらかじめ定められた期間内に，あらかじめ定められた価額を発行会社に出資することによって，その株式会社の株式の交付を受けることができる権利のことをいい（会2条21号，236条1項），ストック・オプションとよばれる。例えば，取締役（権利行使者）が，4年間内（権利行使期間）に，1個1万円（権利行使価額）で1株の交付を受けることができる新株予約権を付与されたとする。権利行使期間に株価が1万円以上に高くなっても株式を権利行使価額（1株1万円）で取得することができるため，その取締役には，権利行使期間に会社の業績を高めようとするインセンティブが働くことになる。

この報酬が取締役に付与される場合は，新株予約権の発行規制のほか，報酬規制としては，募集新株予約権（会238条1項）について，その予約権の数の上限，その他法務省令で定める事項を定めることが求められる（会361条1項4号）。法務省令で定めるのは，①会社法236条1項1号から4号までに掲げる事項（同条3項の場合には，同条1項1号，3号および4号に掲げる事項ならびに同条3項各号に掲げる事項），②一定の資格を有する者が当該募集新株予約権を行使することができることとするときは，その旨および当該一定の資格の内容の概要，③前記①・②以外に当該募集新株予約権の行使の条件を定めるときは，その条件の概要，④譲渡による当該新株予約権の取得について当該株式会社の承認を要することとするときは，その旨（同条1項6号），⑤当該新株予約権について，当該株式会社が一定の事由が生じたことを条件としてこれを取得することができることとするとき（同条1項7号）は，その内容の概要，⑥取締役に対して当該募集新株予約権を割り当てる条件を定めるときは，その条件の概要である（会規98条の3）。

## 4　エクイティ報酬の付与に関する規制

エクイティ報酬を付与する方法には，①直接交付型と②間接交付型がある。①は，会社が取締役に対して，募集株式（株式の発行または自己株式の処分）または募集新株予約権（新株予約権の発行または自己新株予約権の処分）を交付する方法（会361条1項3号〜4号）である。②は，会社が募集株式または募集新株予約権の払込みに充てるための金銭を付与し，取締役がそれを払い込んで株式または新株予約権の交付

を受ける方法（同項5号）である。

　どちらの方法をとる場合でも，指名委員会等設置会社以外の会社では，定款の定めまたは株主総会の決議により，募集株式または募集新株予約権の数の上限その他法務省令で定める事項を定めることが求められる（会361条1項3号～5号，会規98条の2～98条の4）。

## 5　指名委員会等設置会社におけるエクイティ報酬規制

　指名委員会等設置会社では報酬委員会によって決定される（会404条3項）。報酬委員会が，執行役等（執行役・取締役〔会計参与〕）の個人別の報酬等の内容に関する方針を決定し，その方針に従って，その個人別の報酬の内容を決定する（会409条）。執行役が委員会設置会社の支配人その他の使用人を兼ねているときは，当該支配人その他の使用人の報酬等の内容についても報酬委員会が決定しなければならない（会404条3項）。

　指名委員会等設置会社以外の株式会社では，「お手盛り」の弊害を防止するために，定款または株主総会の決議を要求する（Ⅲ-18を参照）のに対し，指名委員会等設置会社においては報酬委員会のみで決定できる。たしかに，報酬委員会は，取締役の中から選定される3人以上の委員で構成される（会400条1項・2項）ことから，一見すると業務執行者が自己または同僚の報酬を定めるお手盛りが生ずるようにもみえる。しかし，会社法は，報酬委員会の委員の過半数は社外取締役でなければならないとし（同条3項），そのモニタリングによってお手盛りの弊害が生じないように配慮している。そのために報酬委員会で報酬を決定することができるのである。

　エクイティ報酬についても報酬委員会が定める。すなわち，報酬委員会が，募集株式または募集新株予約権の数その他法務省令で定める事項を定めることになる（会409条3項3号～5号，会規111条～111条の3）。

## 6　上場会社におけるエクイティ報酬に関する特則

　上場会社（金融商品取引法2条16項に規定する金融商品取引所に上場されている株式を発行している株式会社）では，エクイティ報酬に関する特則がある。

　まず，株式報酬として募集株式を交付する場合である。上場会社が取締役（指名委員会等設置会社では執行役・取締役）に対して，定款または株主総会の決議による会社法361条1項3号に掲げる事項についての定め（報酬委員会による会社法409条3項3号に定める事項についての決定）に従い株式報酬を直接交付型（前述4①）で交付する場合には，募集株式と引換えにする金銭の払込みや現物出資財産の給付を不要とすることができる（会202条の2）。株式報酬として受け取るときには，募集株式の引受人は割当日にその引き受けた募集株式の株主となる（会209条4項）。

　次に，ストック・オプションとして募集新株予約権を交付する場合である。上場会

社が取締役（指名委員会等設置会社では執行役・取締役）に対して，定款または株主総会の決議による会社法361条1項4号または5号ロに掲げる事項についての定め（報酬委員会による会社法409条3項4号または5号ロに定める事項についての決定）に従い新株予約権を直接交付型または間接交付型（前述4①・②）で交付する場合には，新株予約権の行使に際して金銭の払込みまたは現物出資財産の給付を不要とすることができる（会236条3項1号）。これについて，取締役（元取締役）以外の者は，新株予約権を行使することができない（同項2号）。

　「ストック・オプション等に関する会計基準」（企業会計基準委員会・企業会計基準第8号）によれば，会社は，当該新株予約権の付与日現在における公正な評価額を貸借対照表の純資産の部に費用として計上しなければならないとしている（同基準4～6）。これは，公正な評価額が1万円の新株予約権を職務執行の対価として取締役に付与する場合であれば，いったん同人に対し現金で1万円の報酬を支払い，その現金を払い込ませて当該新株予約権の割当てをした（会361条1項5号ロ）に等しいと理解するものといえる。したがって，金銭の払込み等を要しない新株予約権の交付は，「特に有利な条件」（会238条3項1号）によるものではなく，「特に有利な条件」としての規制は受けない（前述3の報酬規制は受けるものの，公開会社においては，交付される新株予約権の公正な評価額〔上の例でいえば1万円〕を上回らない限り，取締役会の決議で，新株予約権の内容を決定することができる〔会240条1項〕，等）。

　こうした特則が上場会社に限定されているのは，市場株価のない非上場会社では，公正な価格を算定することが難しいが，そのような場合でも金銭の払込み等を必要とせずに株式や新株予約権の交付ができるとすると，経営者によって濫用される恐れがあると考えられたためである。

〈類題〉
・非公開会社が株主総会決議によって新株予約権（ストック・オプション）の行使条件を定めていたが，その行使条件に違反して新株予約権を行使し株式が発行された場合に，その株式の効力はどうなるか論ぜよ。（参考：最判平成24年4月24日民集66巻6号2908頁）

〔大久保　拓也〕

# Ⅲ-20　対会社責任

> 取締役の会社に対する責任および株主の差止請求権について論ぜよ。

〔論点〕

・取締役と株式会社の関係と会社に対して負う取締役の義務。

・取締役の善管注意義務と忠実義務との関係。

・取締役が善管注意義務等に違反する行為をした場合の株主の差止請求権。

## 1　取締役の会社に対する責任

　取締役と株式会社の関係は委任であり（会330条），取締役は委任の本旨に従い，会社に対して善管注意義務を負う（民644条）。取締役が善管注意義務違反に問われるのは業務執行に際し任務を怠った場合となるが（会423条1項），その注意義務の水準はその地位にある者や状況にある者に通常期待される程度のものとされる。

　また，取締役は会社に対して忠実義務を負うため（会355条），利益相反行為が制限され（Ⅲ-16参照），競業避止義務（Ⅲ-15参照）を負う（会356条）。取締役がこれらの行為・取引を行う際は，取締役会非設置会社の場合は株主総会，取締役会設置会社の場合は取締役会に該当取引の重要な事実を開示して承認を得なければならない（会356条1項・365条）。

　これらの規定に違反して競業取引をした場合は，当該取引により取締役またはその関係する第三者が得た利益が会社の損害額と推定される（会423条2項）。さらに，取締役の利益相反行為により会社に損害が生じたときは，その取引をした取締役，会社が当該取引することを認めた取締役，当該取引を承認する取締役会決議に賛成した取締役は任務懈怠があったものと推定される（会423条3項）。ただし，監査等委員会設置会社においては，利益相反に当たる取引が監査等委員会の承認を受けた場合は任務懈怠の推定は免れる（会423条4項）。

　善管注意義務と忠実義務の関係については，英国法においては，注意義務違反はコモンロー（判例法），忠実義務違反についてはエクイティ（衡平の概念，裁判所で救済されない事件を大法官により救済を図る手続）で争われてきた変遷があることから別個の義務と解されてきたが（異質説），わが国の裁判所は，忠実義務は，善管注意

義務を敷衍し，かつ一層明確にしたにとどまるものであって，善管注意義務とは別個
の，高度な義務を規定したものと解することができないと判断している（同質説）
（最判昭和45年6月24日民集24巻6号625頁）。同質説によるとしても，会社と取締役
の間の利害対立状況において，取締役が私利を図らない義務のみを忠実義務と呼ぶこ
とは用語法として便利との指摘もある（江頭450頁）。

## 2　問題の所在

　取締役には一定の経営判断（Ⅲ−13参照）の裁量が認められるため，善管注意義務
違反に問われるのは，他の取締役や使用人等の監視・監督義務に違反する不作為（任
務懈怠）があったときとなる。しかし，取締役の責任追及が可能となるのは，会社に
損害を発生させた後のことであり，株主による監督是正権の行使として会社に損害を
与えるおそれがある取締役の行為を事前に抑止する必要がある。

　監査役設置会社，監査等委員会設置会社，指名委員会等設置会社において，6カ月
前から株式を有する株主は，取締役の法令違反等行為が会社に回復することができな
い損害を生じさせるおそれがあるとき，当該取締役に対し，その行為をやめることを
請求できる（会360条）。株主が，差止請求を本案として裁判所に仮にその行為を差し
止める仮処分命令の申立てを行うのが通常となり（民保23条2項），どのような場合
に差止請求が認められるかが問題となる。

## 3　法令違反等行為差止請求権の仮処分命令申立ての可否

　差止請求等の保全命令の申立てに際し，取締役の法令違反等行為による会社に回復
することができない損害の発生が必要となり（会360条），裁判所は，法令違反行為に
は善管注意義務等の一般的な会社法規定違反も該当すると判断している（東京地決平
成16年6月23日金判1213号61頁）。したがって，仮処分命令申立てが認められるため
には，事前差止が必要となるほどの明白な善管注意義務違反があるか，違反行為の高
度の蓋然性が存在しその違反行為により処分された財産を取り戻すことができず，し
かもその損害が費用，手数料等から考えても賠償責任によっても償いきれない程度
（会社法コンメ⑻137頁〔岩原紳作〕）となる「回復しがたい損害」が発生することを
申立者が疎明しなければならない。仮処分命令申立てにおける申立者の疎明の水準は
きわめて高く，裁判所が認める事例が多くないため，株主に深刻な損害を生じさせる
行為一般に対し差止請求権を拡張させることを立法課題とする指摘もある（会社法コ
ンメ⑻137頁〔岩原紳作〕）。

〈類題〉

・取締役はその職務執行についてどのような責任を負うか。

・株主が会社の取締役の違法行為を差し止めようとする場合，どのような手続があるか。

〔坂東　洋行〕

# Ⅲ-21 株主代表訴訟

株主代表訴訟の意義と濫訴防止策について論ぜよ。

〔論点〕
・株主代表訴訟の意義と手続の内容。
・濫訴防止策の必要性と具体的対応方法。

## 1 はじめに

役員等（会423条1項）が会社に対して損害を与えた場合，本来的には，会社が当該損害を発生させた役員等に対して責任追及すべきである。しかし，役員間の同僚意識や上下関係などを理由に，会社が責任を追及すべき役員等に対して必要な対応を怠る可能性がある。

そこで会社法は，株主が所定の手続を経たうえで，会社に代わってその会社の役員等の責任を追及する制度である株主代表訴訟制度（株主による責任追及等の訴え）を設けている（会847条）。

## 2 株主代表訴訟の手続

6カ月前から引き続き株式を有する株主は，株式会社に対し，株主代表訴訟の提起を請求することができる（会847条1項）。6カ月という保有期間は定款でこれを下回る期間を定めることができ（同項括弧書），また，公開会社でない株式会社においては，6カ月という保有期間による制限は設けられていない（同条2項）。

株主代表訴訟を提起するにあたっては，株主が保有する株式数についての制限はない（単独株主権）。なお，単元未満株主が株主代表訴訟を提起できないことを定款で定めることができる（同条1項括弧書）。

株主から提訴請求がなされた日から60日以内に株式会社が訴えを提起しない場合，提訴請求をした株主は，株式会社のために株主代表訴訟を提起することができる（同条3項）。

提訴請求を受けた株式会社が60日以内に訴えを提起しない場合に，当該請求をした株主または責任追及対象とされる取締役などが請求すれば，株式会社はその者に対し，遅滞なく訴えを提起しない理由を通知しなければならない（同条4項）。

提訴請求の日から60日の経過によって株式会社に回復することができない損害が生ずるおそれがある場合には，提訴請求をした株主は，株式会社のために，直ちに株主代表訴訟を提起することができる（同条5項）。

株主代表訴訟は，訴訟の目的の価額の算定において財産権上の請求でない請求にかかる訴えとみなされるため（会847条の4第1項），その訴額は一律に160万円とされ（民事訴訟費用等に関する法律4条2項・別表第1第1項），訴状には13,000円の印紙を貼付すれば足りる。

## 3　濫訴防止策

会社法は，以下の通り，濫訴を防止すべく各種規定を置き，対応を図っている。

まず，株主代表訴訟の提起が取締役等に対する単なる嫌がらせであるような場合や，当該訴えを提起した株主や第三者の不正な利益を図り，または株式会社に損害を加えることを目的とするような場合には提訴請求が認められない（会847条1項但書）。また，株主代表訴訟の提起が訴権の濫用に当たる場合には，裁判所に対して，訴え却下を求めることもできる（民1条3項）。

次に，株主代表訴訟の被告となった役員等が，当該株主代表訴訟の提起が悪意によるものであることを疎明した場合には，裁判所は，被告の申立てにより，株主代表訴訟の原告である株主等に対して相当の担保の提供を命ずることができる（会847条の4第2項・3項）。なお，ここでいう悪意とは，原告である株主等が，自身の請求に理由がないことを知って訴えを提起した場合や，株主代表訴訟制度の本来の目的から外れた不当な目的をもって株式会社を害することを知りながら訴えを提起した場合をいい，請求の理由の有無という客観的理由の有無が重視される。

また，会社法には株主の権利行使に関する贈収賄罪の規定も設けられており，株主代表訴訟の提起に関し，不正の請託を受けて財産上の利益を収受したような場合には，5年以下の拘禁刑または500万円以下の罰金が処せられる（会968条1項4号）。

そして，株主代表訴訟の提起が濫訴に該当するような場合には，かかる提訴自体が株式会社や被告とされた取締役等に対する不法行為となる可能性があり，かかる訴えを提起した原告株主等に対して不法行為責任（民709条）を追及することが可能である。

〈類題〉
・株主代表訴訟によって責任を追及しうる取締役の責任の範囲について論ぜよ。
・株主代表訴訟が馴れ合い訴訟である場合の会社法がとりうる対応方法につき論ぜよ。

〔鬼頭　俊泰〕

# Ⅲ－22　役員等の責任の免除

> 役員等の会社に対する責任を免除するための手段について論ぜよ。

〔論点〕

・役員等の責任減免規定の趣旨。

・役員等の責任免除の要件。

・役員等の責任軽減のための手続および要件。

・責任限定契約の内容。

## 1　役員等の責任減免に関する規定の趣旨

　取締役，会計参与，監査役，執行役または会計監査人（以下，役員等）は，その任務を怠ったときは，株式会社に対し，これによって生じた損害を賠償する責任を負う（会423条1項）。かかる責任が追及されることにより，会社の損害が填補されるのみならず，役員等の違法行為を抑止し，その職務執行の適正化を図ることが期待される。もっとも，役員等の任務懈怠責任を追及する訴訟が提起された場合には，役員等は，費用をかけて訴訟に応じざるを得ないであろうし，敗訴により多額の損害賠償金等の支払を命じられるおそれもある（髙橋ほか243頁）。

　こうしたことを懸念するあまり，役員等の職務執行が過度に委縮し，その担い手の確保が困難になれば，会社，ひいては株主の利益を損ないかねない。かかる事態を可及的に防止すべく，会社法は，役員等の責任の減免に関する規定を置いている。

## 2　役員等の責任の免除

　役員等の株式会社に対する損害賠償責任は，総株主の同意がなければ免除することができない（会424条）。株主による役員等の責任追及等の訴えの提訴権が単独株主権であることから，総株主の同意を要求しないと，役員等の責任追及が妨げられるからである（会社法コンメ(9)286頁〔黒沼悦郎〕）。総株主の同意は，全株主からの個別的同意でも，全会一致による株主総会決議でもよい。

　しかし，総株主の同意を要求すると，上場会社等，株主数が多い会社では，責任を免除できない可能性が高い。そこで，会社法には，役員等の責任を事後的に軽減する規定や契約で責任を予め一定の範囲に限定する制度が設けられている。

## 3　役員等の責任の軽減

　役員等の株式会社に対する損害賠償責任は，役員等が職務を行うにつき善意でかつ重大な過失がないときは，賠償責任を負うべき額から，最低責任限度額を控除した額を限度として，株主総会の特別決議で免除することができる（会425条1項・309条2項8号）。

　この場合，取締役は，株主総会において，責任の原因となった事実および賠償の責任を負う額，一部免除が可能な額の限度およびその算定の根拠，責任を免除すべき理由および免除額を開示しなければならない（会425条2項）。監査役設置会社，監査等委員会設置会社または指名委員会等設置会社において，取締役が，取締役（指名委員会等設置会社においては，監査委員以外の取締役または執行役，監査等委員会設置会社においては，監査等委員以外の取締役）の株式会社に対する責任の免除に関する議案を株主総会に提出するには，それぞれ監査役（監査役が2人以上ある場合にあっては，各監査役），各監査等委員，各監査委員の同意を要する（同条3項）。

　また，監査役設置会社（取締役が2人以上ある場合に限る），監査等委員会設置会社または指名委員会等設置会社は，当該役員等が職務を行うにつき善意でかつ重大な過失がない場合において，責任の原因となった事実の内容，当該役員等の職務の執行の状況その他の事情を勘案して特に必要と認めるときは，会社法425条1項に基づき免除することができる額を限度として当該責任を負う取締役を除く取締役の過半数の同意（取締役会設置会社にあっては，取締役会の決議）によって免除することができる旨を定款で定めておけば，役員等の株式会社に対する責任の一部免除を行うことができる（会社426条1項・2項）。

## 4　責任限定契約

　役員等のうち業務執行取締役等（会2条15号イ）以外の取締役，会計参与，監査役，会計監査人（非業務執行取締役等）の株式会社に対する責任については，当該非業務執行取締役等が職務を行うにつき善意でかつ重大な過失がないときは，定款で定めた額の範囲内で予め株式会社が定めた額と最低責任限度額とのいずれか高い額を限度とする旨の契約（責任限定契約）を非業務執行取締役等と締結することができる旨を定款で定めることができる（会427条1項）。

　責任限定契約を締結した非業務執行取締役等が当該株式会社の業務執行取締役等に就任した場合には，当該契約は，将来に向かってその効力を失う（同条2項）。

〈類題〉

・役員等の会社に対する責任を免除するための手続と要件について論ぜよ。

・責任限定契約の内容および手続について論ぜよ。

〔尾形　祥〕

## Ⅲ－23　多重代表訴訟

多重代表訴訟について論ぜよ。

〔論点〕

・代表訴訟の係属中に株式交換等が行われ，原告が株主でなくなった場合の原告適格の帰趨。

・代表訴訟の提訴前に株式交換等が行われた場合における旧株主の代表訴訟の提起の可否。

・狭義の多重代表訴訟（原始的多重代表訴訟）。

### 1　意義

　多重代表訴訟とは，子会社の役員に対する親会社の株主による代表訴訟制度をいう。会社法は，結合企業法制をその内部に取り入れ，結合企業の構築を企業再編として規定し（会社法第5編），ガバナンスについても，結合企業単位での内部統制を求めている（例えば，会362条4項6号）。加えて企業会計においても連結会計制度を導入している（会444条）。このような中で，ガバナンスの実効を図る中核たる株主代表訴訟（会847条以下）についても，結合企業単位での責任追及が認められてしかるべきである。かような観点から，平成26年改正において導入されたのが，多重代表訴訟制度である。多重代表訴訟は，狭義では，親会社の株主が子会社の取締役の責任を追及する場合を指すが（会847条の3），広義では，株式交換等の結果として多重代表訴訟的自体が発生してしまう場合をも含む（会847条の2・851条）。以下では，ケースを用いつつ，具体的に説明する。

### 2　後発的に多重代表訴訟的自体が派生する場合

#### (1)　株主でなくなった者の訴訟追行

【Case 1】

　$X_1$は，$A_1$株式会社の株式を6カ月以上継続して保有する株主である。$X_1$が，$A_1$社の取締役である$Y_1$に対し，株主代表訴訟を提起したところ，同訴訟の係属中に$A_1$社につき，$A_1$社を完全子会社，$B_1$株式会社を完全親会社とする株式交

換がなされた。その結果，同訴訟の口頭弁論終結時において，$X_1$はB社$_1$の株主になっていた。

　【Case 1】においては，代表訴訟提起後，訴訟係属中に組織再編が行われ，結果として，完全親会社の株主が完全子会社の取締役に対し，代表訴訟を提起した形態となっている。代表訴訟において，株主であることは訴訟要件たる原告適格とされているため，かかる訴訟係属中の組織再編により，$X_1$の原告適格の帰趨が問題とされる。

　この問題に関し，会社法制定前における事案だが，東京地判平成13年３月29日判時1748号171頁は，「『株主』とは，文理上は被告である取締役が属する会社の株主であると解され」，「原告が株主たる資格を喪失した場合に株主代表訴訟の当事者適格が維持される旨定めた特別の規定はなく，また，法律の文理に反して原告の当事者適格の維持を認めると解釈すべき特段の理由もない」旨判示し，その後の裁判例もかかる立場を踏襲した。これによると，$X_1$は，本件株主代表訴訟の原告適格を喪失することとなる。

　しかし，かかる帰結によると，株主（$X_1$）の責めに帰すべきでない事情により株主権の縮減が生じることとなってしまう。このため，会社法制定時に会社法851条が新設され，立法による解決が図られることとなった。すなわち会社法851条１項は，「株式交換又は株式移転の完全親会社の株式を取得したとき」（同項１号）には，株主が株主代表訴訟の係属中に株主でなくなった場合であっても，訴訟を追行することができる旨規定する。これにより，$X_1$は，【Case 1】において，株主代表訴訟の原告適格を失わなくて済むことになる（もっとも，キャッシュ・アウトを伴う株式交換がなされた場合のように，$X_1$が完全親会社の株式を取得しない場合には，会社法851条の下においても，$X_1$の原告適格は消滅することになる。）。

⑵　旧株主による責任追及等の訴え

---

【Case 2】
　$X_2$は，$A_2$株式会社の株式を６カ月以上継続して保有する株主である。$X_2$が，$A_2$社の取締役である$Y_2$に対し，株主代表訴訟を提起しようとして準備していたところ，提訴前に$A_2$社につき，$A_2$社を完全子会社，$B_2$社を完全親会社とする株式交換がなされた。その結果，同訴訟の提訴時において，$X_2$はB社$_2$の株主になっていた。

---

　【Case 1】においては，株主代表訴訟の提訴「後」に株式交換がなされていたのに対し，【Case 2】では，提訴「前」に株式交換がなされている。この場合には，「当該訴訟の係属中に株主でなくなった場合」についての規定である会社法851条を適用

することはできないため，前掲東京地判平成13年3月29日等の裁判例の立場に従う限り，X₂は株主代表訴訟の原告適格を喪失することになってしまう。しかし，そのように，株主代表訴訟と株式交換との先後関係により，原告適格の帰趨を異にすることは合理的とは思われない。

そこでこの点についても平成26年改正にて立法的解決が図られることとなった（会847条の2）。同条が適用される結果，【Case 2】において，株式交換の効力発生日前から逆算して6カ月間継続してA₂社の株式を保有しているX₂は，株主代表訴訟の原告適格を引き続き有する帰結となる。

## 3 会社法が規定する多重代表訴訟

### ⑴ 多重代表訴訟の要件

> 【Case 3】
> 　X₃は，B₃株式会社の株式を6カ月以上継続して保有する株主であり，Y₃はB₃の完全子会社であるA₃株式会社の取締役である。X₃はB₃社の株主として，Y₃に対しその任務懈怠責任を追及したいと考えている。

【Case 3】では，【Case 1】【Case 2】と異なり，はじめから親会社の株主が子会社の取締役の責任を追及することが予定されている。【Case 1】【Case 2】が「後発的」な多重代表訴訟であるのに対し，【Case 3】は，「原始的」な多重代表訴訟であるといってよい（狭義では，【Case 3】のみを多重代表訴訟と理解する）。

会社法847条の3は，一定の要件を付した上で，かかる「原始的」な多重代表訴訟を認めるものである。ここでは，通常の株主代表訴訟や【Case 1】【Case 2】の場合には見られない固有の要件につき，ケースに即しつつ説明する。

第1に，【Case 3】におけるB₃社が，「最終完全親会社等」であることが必要とされる（会847条の3第2項）。これは，当該結合企業のトップで，その上に親会社が存しないことを意味する。

第2に，X₃は，B₃社の総株主の議決権の1/100以上の議決権を有する株主または当該最終完全親会社等の発行済株式の1/100以上の数の株式を有していることが必要である（会847条の3第1項）。親会社からみると子会社の損害は間接的であるため，ここでは濫訴の危険が考慮され，少数株主権とされているのである。

第3に，責任追及の対象が「特定責任」に限定されている（会847条の3第4項）。ここに特定責任とは，Y₃の責任の原因となった事実が生じた日においてB₃社におけるA₃社の株式の帳簿価額がB₃社の総資産額として法務省令で定める方法により算定される額の1/5を超える場合における責任を意味する。つまりB₃社が，統括する結合企業グループ中において中核的地位を占める企業の取締役の責任についてのみ，多重

代表訴訟を認めようとしている。このようにされているのは，かかる大きな地位を占める会社の取締役こそ，馴れ合いにより提訴が懈怠される危険性が高く，多重代表訴訟を認める必要が高いためである。

　第4に，会社法847条の3第1項2号は，「当該特定責任の原因となった事実によって当該最終完全親会社等に損害が生じていない場合」はこの限りでないと規定し，多重代表訴訟の提起にあたり，親会社自身に損害が生じていることを必要とする（親会社損害要件）。平成26年会社法改正の立案担当者は，親会社に損害が生じていない場合として，(1)親子会社間の取引により，子会社に一定の損失が発生したが，親会社が同額の利益を得た場合，(2)傘下の完全子会社間の取引により，一方の子会社に損失が発生したが，他方の子会社に同額の利益が発生した場合を挙げる。その他に学説は，親会社に損害が生じていない場合として，その他に，(3)前記(1)の取引が発覚し，親会社の評判が著しく低下した場合，(4)完全子会社が準備していた新規事業計画を，親会社の指示により，別の完全子会社が行うこととなり，別の完全子会社に利益が生じた場合等を挙げる。

　以上のとおり，親会社に損害が生じていない場合とは，おおむね結合企業間において，利益や損失の「付け替え」がなされている場合を指す。

　以上のところから，【Case 3】における$X_3$が$Y_3$に対しその任務懈怠責任を追及するためには，上記の諸要件を具備することが必要とされる。

(2)　**多重代表訴訟の手続と責任の免除**　【Case 3】の多重代表訴訟の手続は，基本的には，通常の代表訴訟の場合と同様である（会847条の4〜853条）。ただ一点，免除については，最終完全親会社等またはその株主の関与等を求める固有の規制が存在する。

　第1に，会社法847条の3の規定に基づき多重代表訴訟が提起された場合における特定責任の全部免除に関しては，総株主の同意（会424条）のみならず，最終完全親会社等の総株主の同意も必要とされる（会847条の3第10項）。

　第2に一部免除（会425条，426条）についてだが，一部免除に際しては通常の手続に加えて，最終完全親会社等の関与も必要とされる（会425条・426条）。

　第3に責任限定契約の締結（会427条）についてみる。ここでは最終完全親会社等の関与までは不要とされているが，一定の情報の開示が必要とされている（会427条4項）。

〈類題〉
・結合企業におけるガバナンスの適性を確保するための制度につき論ぜよ。

〔松嶋　隆弘〕

# Ⅲ－24　対第三者責任

取締役の対第三者責任の法的性質について論ぜよ。

〔論点〕

・株主の間接損害につき，取締役に対して，会社法429条1項に基づく損害賠償請求は認められるか。
・取締役が会社を代表して履行の見込みのない取引を行い，会社が倒産し，債権者が債権回収できなくなった場合に，取締役には，会社に対する任務懈怠は認められるか。

## 1　会社法429条の意義

役員等の対第三者責任に関する会社法429条1項は，役員等がその職務を行うにつき，悪意または重過失があっときは，当該役員等は，これによって第三者に生じた損害を賠償する責任を負う旨を規定している。会社法429条1項の要件としては，①役員等，②任務懈怠，③悪意または重過失，④損害の発生，⑤②と④の因果関係が必要となる。なお，役員等とは，取締役，会計参与，監査役，執行役または会計監査人のことをいう（会社423条1項括弧書参照）。

役員等の対第三者責任は，倒産した会社の債権者が債権回収のために取締役に対して損害賠償請求する際に用いられることが多い。

## 2　法的性質

取締役は，会社と委任または準委任の関係にあり（会330条），会社の職務遂行につき，会社に対して善管注意義務（民644条）を負っている。取締役が善管注意義務に違反し，会社に損害が発生すると，委任または準委任契約の違反（債務不履行）により，会社に対し損害賠償責任を負うことになる（会423条1項）。もっとも，取締役は，会社の債権者や株主など第三者との間には直接の契約関係がない。そのため，会社の債権者や株主などの第三者の取締役に対する損害賠償責任を認める会社法429条1項の法的性質は，不法行為責任（民709条）となりそうである。

この点につき，判例（最大判昭和44年11月26日民集23巻11号2150頁）は，取締役の対第三者責任につき，株式会社が経済社会において重要な地位を占めており，株式会

社の活動はその機関である取締役の職務執行に依存するものであることを考慮して，第三者保護の立場からの法定の特別の責任（法定責任説）であり，不法行為とは別の責任と解している。そして，取締役において悪意または重大な過失により会社に対する任務に懈怠し，第三者に損害を被らせたときは，当該取締役の任務懈怠と第三者の損害との間に相当因果関係があるかぎり，直接損害，間接損害のいずれも含むと判示している（両損害包含説）。また，上述の判例によると，取締役の悪意または重過失の対象は，第三者に対する加害でなく，会社に対する職務懈怠で足りることになる。

## 3　直接損害と間接損害

　直接損害とは，役員等の悪意または重過失による任務懈怠により，会社に損害が発生せずに，直接第三者に損害が発生する場合である。債権者の直接損害の例としては，倒産の危機にある会社の取締役が代金を支払えないにもかかわらず商品を仕入れた後に会社が倒産し，債権者が債権回収できなかった場合であり，株主の直接損害の例としては，MBOにおいて取締役が公正価値移転義務（東京高判平成25年4月17日判タ1392号226頁）を負う場合である。

　直接損害の場合，役員等の対第三者責任のみならず，第三者に対する不法行為（民709条）も成立し，両者は並存することになる（最大判昭和44年11月26日民集23巻11号2150頁）。

　間接損害とは，取締役の悪意または重過失による任務懈怠により，会社が損害を被り，その結果として，第三者に損害が発生する場合である。典型的には，取締役の放漫経営等により会社が倒産し，会社債権者が債権回収できなくなる場合である。

　間接損害においては，①第三者が債権者の場合，個別の債権者による賠償金の独り占めを認めるべきではなく，倒産法制にゆだねるべきか，②第三者が株主の場合，株主代表訴訟（会847条1項）との競合を認めると，取締役は，同じ行為によって二重の負担を負うことになるのではないかという点につき，学説上議論がある。

　学説上は，債権者の間接損害の場合には債権者代位権（民423条），株主の間接損害の場合には原則として株主代表訴訟で責任追及すれば足り，直接損害の場合については不法行為責任の追及を認めれば足りるから，不要であり，廃止すべきとの有力説もある（田中369-371頁）。

〈類題〉

・取締役の対第三者責任における直接損害と間接損害について論ぜよ。

〔金澤　大祐〕

# Ⅲ－25　登記簿上の取締役

> いわゆる登記簿上の取締役の対第三者責任について論ぜよ。

〔論点〕

・取締役ではないにもかかわらず取締役として登記されている者は，会社法429条1項の責任を負うか。

・退任登記未了の退任取締役は，会社法429条1項の責任を負うか。

## 1　意義

　いわゆる登記簿上の取締役とは，取締役ではないにもかかわらず，登記上は取締役として登記されている者のことである。登記簿上の取締役は，株主総会で適法に選任されていないにも関わらず，取締役の就任登記がなされることを承認した場合や取締役を辞任後も辞任登記がなされない場合に生じる。

　役員等の対第三者責任に関する会社法429条1項は，役員等がその職務を行うにつき，悪意または重過失があっときは，当該役員等は，これによって第三者に生じた損害を賠償する責任を負う旨を規定している。会社法429条1項の要件としては，①役員等，②任務懈怠，③悪意または重過失，④損害の発生，⑤②と④の因果関係が必要となる。そして，役員等とは，取締役，会計参与，監査役，執行役または会計監査人のことをいい（会社423条1項括弧書参照），取締役は，株主総会で適法に選任（会社329条1項）されたことが前提となっている。

　登記簿上の取締役が会社法429条1項の責任を負うためには，「役員等」との要件を満たすことが必要となる。会社法429条1項の責任主体の問題として，登記簿上の取締役の他に，事実上の取締役，名目的取締役がある。

## 2　登記簿上の取締役の責任に関する判例

(1)　**取締役ではないにもかかわらず取締役として登記されている者**　判例（最判昭和47年6月15日民集26巻5号984頁）においては，取締役ではないにもかかわらず取締役として登記されている者の対第三者責任を認めている。そもそも，登記簿上の取締役は登記の当事者ではないため，「不実の事項を登記した者」とはいえず，会社が登記義務者であることを前提とする改正前商法14条（会908条2項）を直接適用でき

ない。もっとも，判例は，取締役でないにもかかわらず，取締役就任の登記につき本人が承諾を与えたのであれば，不実の登記の出現に加功したとして，会社による不実登記の場合と同様に，善意の第三者を保護する必要があるとして，同条の規定の類推適用を認め，取締役として就任の登記をされた者も，故意または過失があるかぎり，当該登記事項の不実なことをもって善意の第三者に対抗することができないとし，その結果として，取締役の対第三者責任に基づく責任を負うとしている。

(2)　**退任登記未了の退任取締役**　　取締役は，取締役を辞任すれば，取締役としての権利義務を喪失することになる。そのため，取締役は，自らが辞任後の事柄について，取締役の対第三者責任を負わないのが原則である。もっとも，退任登記未了の退任取締役は，登記簿上，取締役である旨が公示されている。そのような場合，退任取締役は，取締役ではないにもかかわらず取締役として登記されている者と同様に，会社法908条2項類推適用により取締役の対第三者責任を負うのかが問題となる。

　判例（最判昭和37年8月28日集民62号273頁）においては，辞任したにもかかわらず，積極的に取締役として対外的又は内部的な行為を敢えてした場合を除いて，辞任登記が未了であることによりその者が取締役であると信じて当該株式会社と取引をした第三者に対しても，対第三者責任は負わないと解されている。もっとも，取締役を辞任した者が，登記申請権者である当該株式会社の代表者に対し，辞任登記を申請しないで不実の登記を残存させることにつき明示的に承諾を与えていたなどの特段の事情が存在する場合には，取締役を辞任した者は，改正前商法14条（会908条2項）の類推適用により，善意の第三者に対して，株式会社の取締役でないことをもって対抗することができない結果，改正前商法266条ノ3第1項前段（会429条1項）にいう取締役としての責任を免れることはできないとする（最判昭和62年4月16日判時1248号127頁）。そのため，退任取締役が退任登記がなされていないのを知りながら，または過失により知らずに放置していたというだけでは，「特段の事情」があるとはいえないということになる。

　取締役を辞任した者は，会社に法定の取締役の員数が不足する場合，取締役の権利義務を有する者（会社346条1項）となる。取締役の権利義務者も，監督義務違反の責任が問われる可能性がある（東京高判昭和63年5月31金法1220号29頁）。

## 3　事実上の取締役

　裁判例には，中小企業等において，適法な手続を経て取締役として選任されていないにもかかわらず，事実上，取締役として会社を主宰した者を「事実上の取締役」として，役員等の対第三者責任を認めることがある（例えば，名古屋地判平成22年5月14日判時2112号66頁）。

　事実上の取締役理論とは，法律上の取締役でない者であっても，法律上の取締役と

同等視し，取締役としての外観を呈しつつその職務を継続的に執行してきた者の対内的・対外的業務執行は，原則として有効とみなされ，かかる者には法律上の取締役と同様の権利義務が認められることになるとする法理である（石山卓磨『事実上の取締役理論とその展開』〔成文堂，1984年〕164頁）。

　事実上の取締役が責任を負わないとすると，会社業務の適正を図るための取締役の責任規定の趣旨を潜脱することとなるため，かかる理論は認められている（田中376頁）。

　事実上の取締役の認定要件については，取締役としての外観は不要であるが，会社の重要業務執行事項に関する通例的な指揮を取締役に対し行っていることが必要であるとする見解（中村信男「判批」金判1379号6頁），取締役としての業務執行，権限の引受けおよび会社の認容が必要であるとする見解（竹濱修「事実上の取締役の第三者に対する責任」立命館法学303号〔2006年〕312～315頁）等がある。

　最高裁は，事実上の取締役について明示的には認めていないが，辞任登記未了の取締役の対第三者責任が問題となった事案において，傍論ながら，辞任した取締役が辞任後も取締役として行動した場合に第三者に責任を負うことを認めている（最判昭和37年8月28日裁判集民事62号273頁）。

## 4　名目的取締役

　中小企業などにおいて，従業員や会社に全く関係のない第三者が，株主総会において取締役として選任されたが，実際上，何らの業務執行も行っていないということがある。そのような取締役は，名目的取締役といわれている。名目的取締役といえども，株主総会おいて選任された取締役であるため，取締役としての権利義務を有する。

　判例は，株式会社の取締役会は，会社の業務執行につき監査する地位にあり，取締役会を構成する取締役は，会社に対し，取締役会に上程された事柄についてだけ監視するにとどまらず，代表取締役の業務執行一般につき，これを監視し，必要があれば，取締役会を自ら招集し，あるいは招集することを求め，取締役会を通じて業務執行が適正に行われるようにする職務を有する旨を判示している（最判昭和48年5月22日民集27巻5号655頁）。名目的取締役といえども，適法に選任された取締役であることから，他の取締役に対し，監視義務を負い，取締役会に上程された事柄以外にも監視義務を負い，その懈怠について，役員等の対第三者責任を負うこともある。もっとも，名目的取締役が監督義務を尽くしたとしても，ワンマン経営者である代表取締役の業務執行を是正することが不可能であった場合には，任務懈怠と損害の因果関係が否定されることもある。

〈類題〉

・名目的取締役，登記簿上の取締役および事実上の取締役が会社法429条1項に基づく責任を負うかについて論ぜよ。

〔金澤　大祐〕

◆取締役の義務と責任

# Ⅲ－26　会社補償・D&O保険

> 会社補償およびD&O保険について論ぜよ。

〔論点〕

・会社補償およびD&O保険に関する規律が新設された趣旨。

・手続規制の対象である会社補償およびD&O保険とはどのようなものか。

・D&O保険における「法令に反することを被保険者が認識しながら行った行為に起因する損害賠償請求」を保険者免責事由とする条項の適用可否。

## 1　会社補償およびD&O保険の意義

(1)　**趣旨**　会社補償（indemnification）とは，株式会社の役員等（会423条1項）がその職務の執行に関して会社や第三者に対する責任の追及を受けた場合に，これらの役員等に対して，その対処に要する費用（防御費用）や責任の履行として支払う賠償金や和解金の支出による損失を会社が補償することをいう。また，D&O保険（Directors and Officers Liability Insurance：会社法上の用語は「役員等賠償責任保険契約」）とは，主に役員等の防御費用や賠償金等を支払うことにより生じる損害をてん補するために会社が保険契約者として締結する損害保険契約のことをいう。従来は，会社補償とD&O保険のいずれについても会社法に明文の規定はなく，その実施に必要な手続や内容的な限界が不明確な状況にあった。

　そこで，令和元年会社法改正において，役員等として優秀な人材を確保するとともに，役員等がその職務の執行に伴い損害賠償の責任を負うことを過度に恐れることによりその職務の執行が萎縮することがないように役員等に対して適切なインセンティブを付与するために，新たに会社補償とD&O保険に関する規律を設け，会社がこれらに関する契約に適法に加入できることと，そのために取られるべき手続とを明らかにするとともに，その弊害を防止するために，いずれについても開示規制を導入し，さらに会社補償については契約内容の限界をも規定した。

(2)　**補償契約の内容**　令和元年会社法改正は，「補償契約」を定義し，会社が役員等の間で補償契約を締結するには，取締役会設置会社では取締役会（非取締役会設置会社では株主総会）の決議を要するとした（会430条の2第1項）。他方，利益相反取

引規制（会356条・365条）は，補償契約には適用されず（例えば，任務懈怠の推定規定〔会423条3項〕および無過失責任規定〔会428条1項〕），民法108条（自己契約・双方代理）の適用もない（会430条の2第6項・7項）。補償契約の対象は，役員等がその職務執行に関し，①防御費用および②賠償金または和解金の支出の全部または一部である（会430条の2第1項）。ただし，補償契約を締結している場合であっても，次の費用等を補償することができない。すなわち，㋐費用のうち通常要する費用の額を超える部分，㋑会社が損害を賠償するとすれば役員等が会社に対して会社法423条1項の責任を負う場合には，損失のうち当該責任に係る部分，㋒役員等がその職務を行うにつき悪意または重大な過失があったことにより対第三者責任を負う場合には，賠償金・和解金を支払うことで受ける損失の全部である（会430条の2第2項）。他方，防御費用については，広く補償を認めても職務執行の適正性を害する恐れが低いから，役員等に悪意・重過失があっても補償が認められる。もっとも，役員等が不当な目的をもって職務を執行していたような，悪質な場合にまで会社の費用で防御費用を賄うのは行き過ぎなので，役員等が自己もしくは第三者の不正な利益を図り，または会社に損害を加える目的で職務を執行したことを会社が知ったときは，会社は，当該役員等に対し，事後的に補償した額の返還を請求することができるものとされた（会430条の2第3項）。

また，取締役会設置会社においては，補償契約に基づく補償をした取締役および当該補償を受けた取締役（指名委員会等設置会社では，執行役も）は，遅滞なく，当該補償についての重要な事実を取締役会に報告しなければならない（会430条の2第4項・5項）。なお，公開会社では，補償契約に関する一定の事項を事業報告（会435条2項）において開示することが求められる（会規119条2号・121条3号の2～3号の4）。

⑶ D&O保険の内容　　D&O保険においては，令和元年会社法改正により，次の規律が設けられた。会社がD&O保険を締結（契約の更新時には，契約内容に変更がない場合でも）には，取締役会設置会社では取締役会（非取締役会設置会社では株主総会）の決議により，契約内容を決定しなければならないものとされた（会430条の3第1項）。他方，D&O保険の締結は，一種の利益相反取引（間接取引）であるが，同取引に関する任務懈怠の推定規定（会423条3項）は適用されない。また，民法108条（自己契約・双方代理）の適用もない（会430条の3第2項・3項）。なお，D&O保険の内容等は，会社が抱えているリスクを投資者が評価する際の指標の1つとして，重要な情報となり得るため，公開会社では，D&O保険に関する一定の事項を事業報告（会435条2項）において開示することが求められる（会規119条2号の2・121条の2）。

## 2　D&O保険における保険者免責条項の法令違反を認める高裁判決

(1)　**問題の所在**　　D&O保険の被保険者である取締役が株主代表訴訟等につき任務懈怠責任を追及された場合に，請求された保険金の支払いについて，保険者の免責事由である「法令に違反することを被保険者が認識しながら（認識していたと判断できる合理的な理由がある場合を含む）行った行為に起因する損害賠償請求」に当たるか否かが問題となる。

(2)　**裁判所の判断およびその意義**　　東京高裁は，D&O保険における保険者免責条項の法令違反には取締役としての善管注意義務違反が含まれており，役員によるグループ会社への不適切な融資の発覚後に不正の隠蔽等を行った代表取締役について同義務違反の認識があったとしてD&O保険契約に基づく保険者の免責を認めるとした（東京高判令和2年12月17日金判1628号12頁）。

　役員が株主代表訴訟を提起された場合に，保険者はあらゆる損害賠償責任や争訟費用を肩代わりしているわけではない。D&O保険の約款では，故意免責を規定せず，それに代わるものとして，法令違反行為の助長を防止することや公序との調整の視点から，いわゆる「法令違反行為免責条項」が規定されている。本件は，およそ損害防止対応をとっていないどころか，不正の隠蔽にも関与したといういわば故意に近いといえる事案であり，そのような行為を故意の善管注意義務違反と評価することができる。しかし，他面では，本判決のように，代表取締役の行為の全体としての最初から最後まで代表取締役として，監視義務違反に対する認識がありながら黙っていると評価できるという考え方をとると，代表取締役のどの行為を見て，法令違反となるかという問題や，不正防止に向けて何もしなかったという不作為と不祥事を隠蔽する行為が混在（両者の区別について判決文からは必ずしも明確ではない）している場合に，本件ではいわば保険者の全部免責が認められているが，それでよいのかといった問題（部分免責の可否）が派生するのであり，理論的な課題が残る。

〈類題〉

・D&O保険における保険者の免責事由の法令違反には取締役としての善管注意義務違反が含まれるかについて論ぜよ。

〔王　学士〕

# Ⅲ－27　招集手続・決議方法

> 取締役会の招集手続と決議方法について論ぜよ。

〔論点〕

・取締役会の招集通知に，会議の目的の記載が必要であるとする定款や取締役会規約がある場合に，目的の記載のない招集通知の効力。
・取締役会の招集通知に漏れがあった事例で，決議の結果に影響がないと思われるときの決議の効力。
・取締役会決議に参加できない特別利害関係取締役の範囲。

## 1　取締役会の招集手続

　取締役会の招集権者（取締役，要件を満たせば監査役や株主も含む（会366条1項・382条2項・3項・367条））は，原則，取締役会の1週間前に，各取締役に招集通知を発する必要がある（会368条1項）。監査役設置会社では，監査役にも取締役会の出席義務があるため，取締役だけでなく監査役にも取締役会の招集通知を発する必要がある（会368条1項）。2週間前までに招集通知を発送する必要がある株主総会と違い，取締役会の招集通知は1週間前までに発送することとされており，さらに定款で定めることにより期間の短縮が可能である。実務上，多くの会社は期間が短縮されており，参加者の出席が確保出来る合理的な期間が確保できていれば，緊急の場合には更に短縮が可能としている。また，取締役（および監査役設置会社では監査役）の全員の同意があるときは，上記の招集手続を省略して取締役会を開催することもできる（会368条2項）。

　これらの取締役会の招集手続の規制は，株主総会の招集手続を定める会社法299条および300条と対応している。株主総会と比較して取締役会は，構成員が少人数であること，そしてなにより取締役は一人ひとりが取締役会への出席義務を負う専門家であるという違いがあることから，これに応じて手続にもいくつかの点で違いがある。

　株主総会の招集通知には，会議の目的（議題）を記すことが義務づけられているが，これは，株主に対して株主総会に出席するか否か判断をする機会を与え，事前の準備をするためとされる。一方，取締役会の招集通知には，会議の日時と場所は必要であ

るものの，目的事項の記載を義務づける会社法上の規定はなく，不要であるとされる。取締役や監査役の取締役会への出席は，株主総会における株主とは違い，会社法上の義務とされているため，出席するか否かを決する自由はないからである。

　また，定款や取締役会で，招集通知に目的を記載するよう求めること自体は，各取締役が事前に検討を加えた上で議論に参加できる点で好ましいといえるが，取締役は専門家として選任された者であることから，事前の準備がなくとも日常の業務執行についてどのような議案でも臨機応変に討議できなければならない。したがって，濫用的な意図の下に行われたのでない限り，目的事項を特定して招集された取締役会において，他の事項を議題とすることは可能と考えられる（名古屋地判平成9年6月18日金判1027号21頁〔取締役会規約〕，名古屋高判平成12年1月19日金判1087号18頁〔定款〕）。

## 2　取締役会招集手続の瑕疵

　株主総会における招集手続の瑕疵については，株主総会決議取消しの訴え（会831条）が存在しているものの，取締役会の招集手続に瑕疵がある場合については，会社法には特に規定は存在しない。そこで，民法の一般原則に従い，瑕疵ある決議は当然無効となり，いつでも誰でも無効を主張できることになる。しかしこの原則を貫くと法的安定性を害することになる危険があるため，判例は一定の例外を認めている。

　例えば，一部の取締役への招集通知が欠けていた場合である。利益相反にあたる取引の承認を得るために開かれた取締役会で，一部の取締役に招集通知が行われなかった事例（最判昭和44年12月2日民集23巻12号2396頁）において，当該取締役会決議の効力が問題となった。なお，招集通知がされなかった取締役の一部は，実質的な職務執行を行っていない名目的取締役であった。最高裁は，「瑕疵のある招集手続に基づいて開かれた取締役会の決議は無効になると解すべきであるが，この場合においても，その取締役が出席してもなお決議の結果に影響がないと認めるべき特段の事情があるときは，右の瑕疵は決議の効力に影響がないものとして，決議は有効になる」とした。しかし，最高裁の，決議の結果に影響がない場合には決議は有効であるという判示には，反対意見が多い。手続上の瑕疵があっても効力を認めるとすると，多数派による違法・不公正な取締役会運営を助長しかねないからである（田中238頁）。また，一人ひとりの取締役の影響力が強い取締役会では，招集通知漏れで出席できなかった取締役が議決に参加していたとしたら，何らかの影響を他の取締役に与える可能性を否定できない。したがって安易に決議を有効とすることには疑問があると指摘されている（田中239頁，江頭258頁等。慎重に認定した上で話し合いの余地がない場合などは多数意見による決議の効力を認めることに賛成する見解として黒沼108頁）。

## 3　取締役会の決議方法

　取締役会の決議方法についても，いくつかの部分で株主総会の決議方法と異なる。取締役会の決議には，過半数の取締役が出席し，出席者の頭数の過半数で決する（会社369条1項）。1株1議決権（会社308条1項本文）を原則とする株主総会の決議とはこの点で異なる。取締役は一人ひとりが経営の専門家としての能力を信頼され，株主により選任された者であるため，取締役ごとの差別的な取扱いはできない。同じ理由で，代理人による取締役会への出席や議決権行使の委任は認められない。

　取締役会の決議には，特別利害関係のある取締役は決議に加わることができない（会369条2項）が，株主総会決議では，著しく不当な決議がなされない限り，特別利害関係人が議決権行使することができる（会831条1項3号）。取締役の競業取引や利益相反取引の承認（会365条1項・356条）の場面や，取締役の責任の一部免除（会426条）の場面のように，取締役会において決議の公正を確保する必要があるためであると説明される。

　しかし取締役会における「特別の利害関係」が何を指すのかは法文上明示されておらず，代表取締役の解職決議における当該代表取締役が特別利害関係人にあたるかなどの問題が生じる（この点につきⅢ−28を参照）。判例（最判昭和44年3月28日民集23巻3号645頁）は，「一切の私心を去って，会社に対して負担する忠実義務に従い公正に議決権を行使することは必ずしも期待しがた」いとして，解職決議における代表取締役を特別利害関係人であると認めた。この見解を引き継ぐ下級審判決（東京地判平成2年4月20日判タ765号223頁等）もあり，賛成する学説（新版注釈116頁）もある。しかし学説の多くは，代表取締役解職の場面では利害対立事項は取締役間であって取締役と株主間ではないことから，忠実義務と矛盾する個人的利害関係はないとして特別利害関係がないとする（龍田＝前田128-129頁，江頭436頁，田中236頁）。

〈類題〉

・取締役会の開催に当たり，取締役の一部の者に対する招集通知を欠く，手続上の瑕疵があった場面であっても，当該瑕疵が決議に影響を及ぼさないと解されうる特段の事情につき論ぜよ。

〔品川　仁美〕

# Ⅲ－28　重要な財産の処分

> 重要な財産の処分の意義を述べたうえで，重要な財産の処分につき，取締役会決議を欠いた場合の行為の効力について論ぜよ。

〔論点〕

・取締役会の法定決議事項の意義。

・重要な財産の処分の意義。

・取締役会決議を欠いてなされた取引の効力。

・代表取締役の権限濫用。

## 1　取締役会の法定専決事項としての重要な財産の処分

　取締役会設置会社が重要な財産を処分する場合，取締役会決議によらなければならない（会362条4項1号）。これは，取締役会の構成員たる取締役らの協議によって，適切な意思決定がなされるべきだからである。会社法は，重要な財産の処分のほか一定の行為について，取締役会の法定専決事項を例示列挙して定めている（会362条4項各号）。そのため，ある財産を処分するに当たって，当該財産が「重要」とされた場合は，定款の定めをもってしても，それを代表取締役等に委任することが認められない。

## 2　取締役会の法定専決事項としての「重要な財産の処分」の意義

　会社法は，「重要な財産の処分」と定めるのみで，どのような財産を処分する場合に取締役会の決議が求められるかは必ずしも明らかではない。そのため，会社法上，その処分される財産が当該会社の総資産額に占める帳簿価格がどのような割合を占めているか（例えば1％）などの数値基準を画一的に定めるのは実務上は難しい。なぜならば，仮に数値基準として明確に定められていたとしても，個別の会社においてそれが重要な財産の処分であるかは事情が異なるからである（会社の規模・状況などに依存する）。この点につき判例は，「当該財産の価額，その会社の総資産に占める割合，当該財産の保有目的，処分行為の態様及び会社における従来の取扱い等の事情を総合的に考慮して判断すべきもの」（最判平成6年1月20日民集48巻1号1頁）との理解を示す。上記判例では，会社が有する他社の株式を譲渡した事案において，当該株式

が重要な財産に該当するかが問題とされたが，その株式の帳簿価格が当該会社の総資産額の約1.6％に相当すること，および当該会社の営業のため通常行われる取引に上記株式の譲渡は該当しないことから，当該事案において，株式を譲渡することは重要な財産の処分に該当するとされた。実務上は，各会社において，取締役会規則等において取締役会で決議すべき事項を定め，重要な財産の該当性の基準としては，（貸借対照表上の）純資産額の１％を目安としているケースが多く，上記判例に整合した取扱いが模索されている。他方で，取締役会への上程基準（内規等）がない場合には，代表取締役や業務執行取締役の判断に委ねられることになるが，前掲最判平成６年１月20日の理解に照らして，取締役会へ付議すべきであったにもかかわらずそれを怠った場合は，当該代表取締役らは任務懈怠責任（会423条）を負うことになろう（なお，当該行為の効力は４で述べる）。

## 3　どのような行為が重要な財産の処分に該当するか？

　代表取締役が取締役会決議を経ることなく４億円ないし20億円の社債（各社債につき会社の総資産の0.78％ないし3.9％を占めていた）を引き受けたことは，前掲最判平成６年１月20日に照らした上で，「本件各社債の額や原告の総資産に占める割合等，原告における従前の取扱い及び保有目的，取引の態様その他の事情に照らすと，本件各引受け行為は，いずれについても，『重要な財産の処分』（会社法362条４項１号）に当た〔る〕」として，取締役会決議が必要であるとされた裁判例がある（さいたま地判平成23年９月２日金判1376号54頁）。

　また，取締役会の決議を経ずに銀行との間で締結された通貨スワップ契約において，決済以降に円高相場が進んだことで為替差損が生じた事案では，前掲最判平成６年１月20日に照らした上で，当該契約の総額は２億円を超える（直前の決算期の純資産額比で15％）ものであったが，その支払いは５年間に分けられており単年度では約4,000万円の支出となっており，また会社にとって初めての通貨スワップ取引であったという事実などが加味されて重要な財産の処分・多額の借財に該当しないとされた裁判例もある（東京地判平成26年９月16日金判1453号44頁）。

## 4　取締役会決議を欠いた取引等の効力

　ある取引に取締役会決議が必要であるかは，前掲最判平成６年１月20日に照らしたとしても，具体的な事実関係から個別の裁判所の判断に委ねられることになる。しかしながら，内部手続である取締役会決議の欠缺のみで取引の効力の有無を決してしまうと，時に取引の安全を害するおそれがある。すなわち，代表取締役・業務執行取締役が，取締役会決議を経ないで行った取引等であったとしても，内部手続である取締役会決議を求めることで守るべき会社の利益と取引の相手方の利益保護を比較考慮して判断しなければならない。判例は，「株式会社の一定業務執行に関する内部的意思

決定をする権限が取締役会に属する場合には，代表取締役は，取締役会の決議に従って，株式会社を代表して右業務執行に関する法律行為をすることを要する。しかし，代表取締役は，株式会社の業務に関し一切の裁判上または裁判外の行為をする権限を有する点にかんがみれば，代表取締役が，取締役会の決議を経てすることを要する対外的な個々的取引行為を，右決議を経ないでした場合でも，右取引行為は，内部的意思決定を欠くに止まるから，原則として有効であって，ただ，相手方が右決議を経ていないことを知りまたは知り得べかりしときに限って，無効である」と判示して民法93条の規定を類推適用するとの理解を示す（最判昭和40年9月22日民集19巻6号1656頁）。なお，判例によれば，取締役会決議を経ていない行為であっても，その無効主張は制限的に解されている（会社のみが主張できる）。

## 5　代表取締役の権限濫用行為

　代表取締役は，会社の業務を執行し（会363条1項1号），対外的には会社を代表する（会47条1項）ものであり，その権限は会社の業務に関する一切の裁判上・裁判外の行為に及ぶ（会349条4項）。では，代表取締役がその権限を濫用して，自己または第三者の利益のために会社の重要な財産を譲渡する旨の取引等を行ったらどうなるか。この点については，古い判例ではあるが，民法93条但書の類推適用により，相手方が当該代表取締役において権限濫用目的があったとの真意を知りまたは知り得べかりしときには無効とする理解が示されている（最判昭和38年9月5日民集17巻8号909頁。なお，平成29年改正後の民法のもとでは，民法107条の適用ないし類推適用となる）。このような理解に対しては，相手方が悪意の場合に限って当該取引を無効とする解釈も有力に主張されている。

〈類題〉

・代表取締役が無断で会社の唯一の財産である工場の土地・建物を第三者に売却した場合の当該取引の効力について，相手方が善意であった場合と悪意であった場合とに分けて論じなさい。

〔宮﨑　裕介〕

## Ⅲ－29　代表取締役の解職と特別利害関係該当性

> 次の事例について，代表取締役の解職にあたり，当該代表取締役は特別利害関係取締役に該当するかについて論ぜよ。
>
> 事例：甲株式会社は，代表取締役社長Ａ，代表取締役専務Ｂほか４名からなる取締役会設置会社である。Ｂは，Ａの病気療養中にＡを代表取締役から解職する旨の議題を提出することとし，臨時取締役会の日の１週間前に，各取締役および監査役に対して，日時および場所のみが記載された招集通知を発した。
>
> 　Ｂは，Ａを除く取締役および監査役が出席した臨時取締役会において，Ａを代表取締役から解職する旨の動議を提出し，賛成３名，反対２名の賛成多数により可決された。当該臨時取締役会の決議は有効か。

〔論点〕
・取締役会招集通知に記載されていない事項に関する取締役会決議の効力。
・代表取締役の解職に関する取締役会決議の効力。
・解職決議の対象たる代表取締役の特別利害関係該当性。

### 1　問題の所在

　取締役会設置会社（指名委員会等設置会社を除く）において，取締役会は，代表取締役を解職することができる（会362条2項）が，そのためには代表取締役を解職するための取締役会決議が適法になされたことが必要である。本問では，取締役会において，招集通知に記載されていない解任の議題を提出することができるかが問題となる。

　また，当該取締役会に，代表取締役Ａが出席していた場合には，代表取締役Ａの解職に関する取締役会決議について，代表取締役Ａは，特別利害関係人にあたるかが問題となる。

### 2　招集通知に記載されていない議題の提出

　定款および取締役会規程において，取締役会の招集通知は書面でなすべき旨，およ

び同通知には会議の目的事項を記載すべき旨が定められている場合には，緊急動議は定款および取締役会規程違反であるかが問題となる。会社法上，取締役会においては，株主総会と異なり，招集通知に議題を記載することは求められていないが，取締役会において緊急動議を提議することは定款および取締役会規程に違反する行為として一切許されないのか，それとも会社法の趣旨に反しない限りにおいて当該行為は有効であると認められるかの問題である。

　名古屋高判平成12年 1 月19日金判1087号18頁は，「株式会社の取締役は，株主総会の決議により株主の信任を受け，会社の業務執行を決定するとともに取締役の職務の執行を監督する必要的機関である取締役会の構成員として，取締役会に出席の上，業務執行に関する会社の意思決定に必要な諸般の事項に関し，臨機応変に経営上の判断をなすべき責務を負い，他方，株主総会に出席する株主と異なり，会議の目的たる事項によって出席するか否かを決する自由を有するわけではなく，常に取締役会に出席して，会社の業務に関するあらゆる提案，動議について必要な討議，議決を行う権限と義務があるから，このような取締役会の権限と義務に照らして考えれば，定款等により，取締役会に先立ち会議の目的事項をあらかじめ通知すべきことを定めている場合でも，右規定は，取締役会に出席する取締役に事前の準備の便宜を与えたものにとどまり，それ以上に取締役会における決議内容を拘束する効力を有するものではないと解するのが相当である。とりわけ，取締役会における取締役の業務執行に関する監督権の行使は，あらかじめ提案された議案とは関係なく，有効適切に監督権を行使することが期待されているものというべきである（代表取締役の解任は，その権限行使の 1 つである）。

　そうしてみれば，取締役招集通知に記載されていない事項が取締役会で審議・議決されたとしても，これによって直ちに当該決議が違法となるものとはいえないだけでなく，本件において，一部の取締役を排除し，反論の機会を与えないこと等濫用的な意図のもとに殊更取締役招集通知に記載しなかった等に事情を認めるに足りる証拠はないから，原告会社の定款及び取締役会規程違反を理由とする本件取締役会決議無効の主張は採用することができない」と判示する。

　通説は，招集通知に議題の記載が求められる定款の趣旨は，取締役会の議長を兼ねる代表取締役が，抜き打ち的に議題を提出することによって，自己に有利に会議を運ぼうとすることを防止しようというものであるから，この趣旨を超えて，取締役会において必要な議題が機動的に審議されることを禁止するまでの効力を有しないと解する。したがって，緊急動議の提出は，取締役会において常に許されることとなる。あるいは，定款規定の趣旨を重視して，緊急動議が許されるのは，取締役会の監督権の発動の場合に限定されるとの見解によれば，監査役が取締役会において当該不正を報

告するために，自ら取締役会を招集する場合（会383条3項）には，当該招集通知に議題を記す必要はなく，当該取締役会において必要と判断されれば，当該代表取締役の解職を決議できると解する。

## 3　代表取締役の解職に関する取締役会決議において，当該代表取締役は特別利害関係を有する取締役に該当するか

　代表取締役を解職する場合に，当該代表取締役が特別利害関係人にあたるかについては，最判昭和44年3月28日民集23巻3号645頁は，代表取締役の解職（当時は解任）決議において，当該代表取締役は特別利害関係人にあたるとして，その理由を以下のように判示する。「けだし，代表取締役は，会社の業務を執行・主宰し，かつ会社を代表する権限を有するものであって（平成17年改正前商法条文省略），会社の経営，支配に大きな権限と影響力を有し，したがって，本人の意志に反してこれを代表取締役の地位から排除することの当否が論ぜられる場合においては，当該代表取締役に対し，一切の私心を去って，会社に対して負担する忠実義務（平成17年改正前商法条文省略）に従い公正に議決権を行使することは必ずしも期待しがたく，かえって，自己個人の利益を図って行動することすらあり得るのである。それゆえ，かかる忠実義務違反を予防し，取締役会の決議の公正を担保するため，個人として重大な利害関係を有する者として，当該取締役の議決権の行使を禁止するのが相当だからである。」

　通説は，最高裁の判例理論を支持する立場であり，判例・通説によれば，当該代表取締役は，特別利害関係人として当該議決には加わることができず（会社369条2項），決議の要件における定足数には含まれないこととなる（同条1項）。また，取締役の解任を株主総会の付議議案とすることを決定する取締役会決議において，当該取締役は特別利害関係人に当たるとした下級審裁判例もある（東京地決平成29年9月26日金判1529号60頁）。

　これに対して，有力な反対説がある。代表取締役を解職するかどうかの争いには，取締役間の利害対立はあっても，会社と取締役の間に利害対立はないことを理由に，解職決議の対象たる代表取締役も特別利害関係人には当たらないとする見解がある（龍田＝前田129頁）。あるいは，解職等の微妙に個人の利害がからむ事項は取締役の特別利害関係として取り扱う判例の立場にも相当の理由はあるが，閉鎖型の会社を念頭に置く限り代表取締役の解職は，取締役会の監督権限の行使というよりも業務執行（経営方針等）をめぐる2派の争いである場合が多く，同人の議決権を排除すべき理由はなく特別利害関係にあたらないとする見解がある（江頭435・436頁注15）。

　なお，解職が取締役会の監督権限の行使か業務執行の一環かという実質で区別すべきであるとする見解もある（森本滋『会社法〔第2版〕』〔有信堂高文社，1995年〕231頁注12，出口正義「取締役の議決権排除」『株主権法理の展開』〔文眞堂，1991年〕

310頁）。

　代表取締役の選定につき，代表取締役候補者たる取締役が議決権を行使することは，業務執行の決定への参加にほかならず，特別利害関係人にはあたらないと解することに争いはない。本問において，代表取締役Ａを解職できたとして，代表取締役Ｂは自らの派閥の代表取締役を選定できず，代表取締役がいない状態が継続するという事態が生じる可能性がある。

〈類題〉

・解職の対象である代表取締役は，当該取締役の解職が問題となる取締役会決議をなす会議に出席することは認められるか。出席が認められる場合に，意見を述べることができるかについて論ぜよ。

〔小野寺　千世〕

# Ⅲ－30　表見代表取締役

> 表見代表取締役について論ぜよ。

〔論点〕

・表見代表取締役制度が設けられた趣旨。
・表見代表取締役の適用要件に関する解釈。
・表見代表取締役の行為に関する解釈。

## 1　表見代表取締役制度の趣旨

　社長，副社長その他株式会社を代表する権限を有するものと認められる名称を付与されたが，代表権を有しない取締役を表見代表取締役という。株式会社は，表見代表取締役がした行為について，善意の第三者に対してその責任を負う（会354条。なお表見代表執行役については会421条）。会社が表見代表取締役の行為の責任を負うのは，代表取締役であるかのような名称（肩書）を信頼して取引を行った相手方を保護するためである。

　商業登記では，取締役の氏名，代表取締役の氏名・住所は登記事項とされており（会911条3項13号・14号），商業登記簿を確認すれば代表取締役か否かを知ることができる。商業登記には，積極的公示力（登記すべき事項を登記した後は，登記当事者はその事項を知らない第三者にも対抗することができる（会908条1項後段））があるが，この規定に優先して表見代表取締役規定が適用されるため，取引相手が商業登記簿を確認せずに取引した場合でも，会社は善意の第三者に責任を負う。

## 2　表見代表取締役の適用要件

　表見代表取締役の行為について会社が責任を負うのは，①代表権を有するものと認められる名称の存在，②会社の帰責性，③善意の第三者の場合である。

　①は，条文で例示する社長，副社長のほか，代表取締役職務代行者（最判昭和44年11月27日民集23巻11号2301頁），取締役会長（東京地判昭和48年4月25日下民24巻1＝4号216頁），頭取，総裁，理事長等である。

　②は，前記①のような名称を使用したことを会社が知っていた場合に，認められる。したがって，会社の知らないところで名称使用が勝手になされた場合にまで会社の責

任が生じるわけではない（東京地判昭和25年7月29日下民1巻7号1159頁）。会社が黙認していた場合も含まれる（最判昭和42年4月28日民集21巻3号796頁）。会社が黙認していた場合とは，他の取締役が1人でも知っていながら放置していた場合をいうと解すべきである。

③は，第三者つまり相手方が表見代表取締役には代表権がないことを知らない（善意）場合に保護されるということである。無過失であることまでは要求されない（最判昭和41年11月10日民集20巻9号1771頁）。ただし，重過失は悪意と同視され会社は責任を免れる（最判昭和52年10月14日民集31巻6号825頁）ため，第三者に重過失がないことは要求される。悪意・重過失の証明責任は会社が負う。なお，第三者とは取引の直接の相手方に限られるとするのが，判例の立場である（最判昭和59年3月29日判時1135号125頁）。

### 3　名称を付与された取締役の取引行為

表見代表取締役が，会社から付与された名称を使用して取引行為を行う場合に，会社の責任が生じる。すなわち，取引の安全を図るために設けられた規定であるから，取引行為と異なる訴訟手続にはこの制度は適用されない（最判昭和45年12月15日民集24巻13号2072頁）。

それでは，名称を使用していない場合はどうか。例えば，会社名義で振り出された約束手形につき，手形面上に会社代表者として表示されている者に代表権はあるが，その代表者の記名押印をした者に代表権がない場合に，会社が記名押印した者に常務取締役という会社を代表する権限を有するものと認められる名称を与え，かつ，手形受取人がその者に代表権がないことにつき善意であるときである。判例は，この場合にも表見代表取締役が名称を使用した場合と同様，表見代表取締役の上記規定を適用して会社の責任を認めている（最判昭和40年4月9日民集19巻3号632頁）。

代表取締役として選定されていない場合はどうか。例えば，代表取締役に招集通知を出さずに取締役会で代表取締役を解職し，代表権のない取締役を代表取締役として選定した場合に，その取締役が代表取締役として行った行為についてである。判例は，取締役会による代表取締役選定決議が無効であっても，会社は，表見代表取締役の上記規定の類推適用により，その取締役が代表取締役として行った行為について，善意の第三者に対して責任を負うとする（最判昭和56年4月24日判時1001号110頁）。

〈類題〉

・取締役ではない使用人に表見代表取締役責任が認められるか，また，使用人でもない下請業者について責任が認められるか論ぜよ（参考：最判昭和35年10月14日民集14巻12号2499頁・浦和地判平成11年8月6日判時1696号155頁）。

〔大久保　拓也〕

# Ⅲ－31　指名委員会等設置会社と監査役（会）設置会社の異同

> 指名委員会等設置会社と監査役（会）設置会社との異同について論ぜよ。

〔論点〕
・指名委員会等設置会社の機関設計および各種役員の権限，義務，責任の内容。
・監査役（会）設置会社の機関設計および各種役員の権限，義務，責任の内容。

## 1　指名委員会等設置会社

(1)　指名委員会等設置会社は，指名委員会，監査委員会および報酬委員会を置く株式会社をいう（会2条12号）。すべての委員会は，取締役である委員3人以上で組織され，その委員の過半数は社外取締役でなければならない（会400条1項・3項）。社外取締役でない取締役は，執行役を兼任し，執行役としての資格で業務執行を行うことができるが（会402条6項），原則として指名委員会等設置会社の取締役は，業務執行をすることができない（会415条）。なお，会計参与に関する説明は省略する。

(2)　取締役会に設置される三委員会について整理したい。

まず指名委員会は，株主総会に提出する取締役の選任および解任に関する議案の内容を決定する（会404条1項）。

次に監査委員会は，取締役および執行役の職務の執行の監査および監査報告の作成，株主総会に提出する会計監査人の選任および解任ならびに会計監査人を再任しないことに関する議案の内容の決定を行う（会404条2項各号）。監査委員である取締役は，指名委員会等設置会社もしくはその子会社の執行役・業務執行取締役・当該子会社の会計参与もしくは支配人その他の使用人を兼ねることができない（会400条4項）。

そして報酬委員会は，取締役および執行役の個人別の報酬等の内容を決定する（会404条3項）。

指名委員会等設置会社には，取締役会決議に基づき執行役を選任しなければならない（会402条1項・2項）。

## 2　監査役（会）設置会社

監査役（会）設置会社は，業務執行機関である取締役と，取締役を監査する監査役が存在する会社である。監査役は，取締役の職務執行，とりわけ株式会社の運営，計

算書類の作成が適法・適正になされているか否かを監査する独任制の機関である（会381条）。

　大会社であり公開会社である会社においては，監査等委員会設置会社および指名委員会等設置会社を除いて，監査役会の設置が義務付けられている（会328条1項）。監査役会設置会社においては，監査役は3人以上，そのうち半数以上は社外監査役でなければならず（会335条3項），さらに1人以上は常勤監査役でなければならない（会390条3項）。

　監査役による取締役に対する監査は，会計に関する職務の監査（会計監査）と会計以外の職務の監査（業務監査）に大別することができる。

### 3　指名委員会等設置会社と監査役（会）設置会社の異同

⑴　指名委員会等設置会社と監査役（会）設置会社の相違点を整理する。

　まず，機関構造においては，指名委員会等設置会社には過半数が社外取締役によって構成される3委員会が取締役会に設置される。一方，監査役（会）設置会社は，取締役組織とは別組織を用いる監査役制度を採用し，監査役会が置かれた場合，監査役は3人以上で，そのうち半数以上は，社外監査役でなければならない（会335条3項）。

　なお，金融商品取引法24条1項に規定に基づき有価証券報告書を提出している監査役会設置会社は，社外取締役を置かなければならない（会327条の2）。

　指名委員会等設置会社における社外取締役は，取締役会構成員であるため，取締役会における議決権を有している。一方，監査役（会）設置会社における監査役は，取締役会における議決権を有していない。なお，監査役は，取締役会への出席義務を負う（会383条1項）とともに，取締役が不正の行為をするなどしたときは，その内容を取締役（取締役会設置会社においては取締役会）に報告しなければならない（会382条）。

　監査役設置会社のうち，取締役会を置かない会社においては，定款で特定の取締役の業務執行権限を制約しない限り，各取締役が会社の業務を執行できる（会348条1項）。また，監査役設置会社のうち，取締役会を置く会社においては，業務執行の決定・決定を執行する代表取締役または業務執行取締役を選定する（会363条1項）。一方，指名委員会等設置会社においては，業務執行は取締役会が選任する執行役に委任される（会418条）。

⑵　次に，指名委員会等設置会社における監査委員による業務監査と，監査役（会）設置会社における監査役による業務監査の内容・範囲についても以下のような違いがみられる。

　監査役（会）設置会社における監査役は独任制であり，監査役会設置の有無にかかわらず，個々の監査役が監査権限を行使できる（会381条1項）。一方，指名委員会等

設置会社における監査委員は，独任制の監査役とは異なり，監査は原則として監査委員会あるいは監査委員会が選定する監査委員が行使する（会404条2項・405条）。

　また，指名委員会等設置会社における監査委員は取締役であるため，業務監査は適法性監査に限られず，妥当性監査にも及ぶとされている。一方，監査役（会）設置会社においては，取締役の職務執行が妥当であるかを監査するための機関として取締役会が存在することなどを理由に，監査役は取締役の職務の執行の適法性を監査する適法性監査に限られるとされている。

〈類題〉

・社外取締役と社外監査役とを比較し，法制度上，両者にはどのような違いがあるのかについて論ぜよ。

・監査役（会）設置会社・監査等委員会設置会社・指名委員会等設置会社，それぞれにおける取締役の職務内容の違いについて，権限や責任を比較しつつ論ぜよ。

〔鬼頭　俊泰〕

◆監査等委員会設置会社・指名委員会等設置会社

# Ⅲ－32　2種類の委員会設置会社の異同

> 監査等委員会設置会社と指名委員会等設置会社の異同について論ぜよ。

〔論点〕
・監査等委員会設置会社の機関設計および各種役員の権限，義務，責任の内容。
・指名委員会等設置会社の機関設計および各種役員の権限，義務，責任の内容。

## 1　監査等委員会設置会社

　監査等委員会設置会社は，監査等委員会を置く株式会社をいい（会2条11号の2），監査等委員会は3人以上の監査等委員（取締役）から構成され，その過半数は社外取締役でなければならない（会331条6項・399条の2第2項）。監査等委員会設置会社では，監査等委員である取締役とそれ以外の取締役は区別されて株主総会決議により選任される（会329条2項）。

　監査等委員会設置会社においては，取締役会で業務方針の決定や取締役の業務執行に関する監督等を行う（会399条の13第1項）。ただ，監査等委員会は，取締役の職務の執行の監査を行う（同条3項1号）ため，監査等委員である取締役は，監査等委員会設置会社もしくはその子会社の業務執行取締役・支配人その他の使用人・当該子会社の会計参与もしくは執行役を兼ねることができない（会331条3項）。

　そして，監査等委員会は，取締役の業務執行に関して監査を行った結果を監査報告としてまとめる（会399条の2第3項1号）。

## 2　指名委員会等設置会社

　指名委員会等設置会社は，指名委員会，監査委員会および報酬委員会を置く株式会社をいう（会2条12号）。すべての委員会は，取締役である委員3人以上で組織され，その委員の過半数は社外取締役でなければならない（会400条1項・3項）。

　まず指名委員会は，株主総会に提出する取締役の選任および解任に関する議案の内容を決定する（会404条1項）。

　次に監査委員会は，取締役および執行役の職務の執行の監査および監査報告の作成，株主総会に提出する会計監査人の選任および解任ならびに会計監査人を再任しないことに関する議案の内容の決定を行う（会404条2項各号）。監査委員である取締役は，

指名委員会等設置会社もしくはその子会社の執行役・業務執行取締役・当該子会社の会計参与もしくは支配人その他の使用人を兼ねることができない（会400条4項）。

そして報酬委員会は，取締役および執行役の個人別の報酬等の内容を決定する（会404条3項）。

指名委員会等設置会社には，取締役会決議に基づき執行役を選任しなければならない（会402条1項・2項）。

## 3 監査等委員会設置会社と指名委員会等設置会社の異同

以上を踏まえ，監査等委員会設置会社と指名委員会等設置会社の異同につき整理したい。

(1) 両会社の共通ポイントは，取締役会を必置の機関としたうえで（会327条1項3号・4号），取締役会内に委員会組織が置かれることである。そして，委員会は社外取締役の活用が前提となっている。両会社は取締役会で内部統制システムを整備することになっているため（会399条の13第1項1号ハ・416条1項1号ホ），それを通じた組織的な監査を行うことが企図されている。

なお，監査等委員会設置会社においては，取締役の過半数が社外取締役である場合（会399条の13第5項）か，または，定款で法定事項以外の重要な業務執行の決定の全部または一部を取締役に委任できる旨の定めを置いた場合（同条6項）には，指名委員会等設置会社と同様に，重要な業務執行の決定を取締役に委任することができる。

(2) また，指名委員会等設置会社における監査委員会と監査等委員会設置会社における監査等委員会は「監査」権限を有する点でも共通する。指名委員会と報酬委員会について，監査等委員会では，監査等委員である取締役の選任解任等および報酬等について株主総会における意見陳述権を有すること（会342条の2・361条6項）でその機能を代替する（このような監督機能をもつことから，監査「等」委員会とされている）。

(3) これに対し，両会社においては，設置される委員会が監査等委員会であるのか，3委員会であるのかという点で異なる。換言するならば，指名委員会等設置会社においては，監査権限だけでなく，役員等の選解任および報酬決定についても社外取締役が過半数を占める委員会（指名・報酬委員会）に権限を付与している。

また，監査等委員会設置会社においては監査等委員である取締役とそうでない取締役という2種類の取締役が存在する点において指名委員会等設置会社とは異なる。監査等委員である取締役とそうでない取締役は，株主総会において区別して選任される（会329条2項）。

(4) 業務執行機関につき監査等委員会設置会社においては，指名委員会等設置会社のように執行役が置かれることはなく，監査等委員以外の取締役の中から選定される代

表取締役および選定業務執行取締役が業務を執行する（会399条の13第３項・363条１項）。

　監査等委員会設置会社における監査等委員会は，取締役会で業務方針の決定や取締役の職務の執行の監査を行う（会399条の13第１項）のに対して，指名委員会等設置会社における監査委員会は取締役に加えて執行役の職務執行の監査も行う（会404条２項）。

〈類題〉

・監査等委員会設置会社の監査等委員と指名委員会等設置会社の監査委員を比較し，監査権限に違いは存在するのか論ぜよ。

・監査等委員である取締役以外の取締役の報酬等について，取締役の個人別の報酬等の決定方針等を定めさせる旨の規定（会361条７項２号）が置かれている趣旨について，報酬委員会における報酬等の決定方法と比較して論ぜよ。

〔鬼頭　俊泰〕

## Ⅲ－33　監査権限

監査役の監査権限と取締役会の監督的機能の異同について論ぜよ。

〔論点〕

・監査・監督の範囲，方法についての異同。

### 1　監査・監督権限の範囲について

　取締役会は，取締役の職務の執行を監督する権限を有している（会362条2項2号）。すなわち，取締役会による監督は経営の専門家である取締役が業務執行機関内部においてなすものである。このことから，その監督の範囲は，適法性監査のみならず妥当性監査にも及ぶ。

　これに対し，監査役による監査は業務執行機関以外の第三者的立場からの検査および評価，報告である。監査役の監査権限は，取締役会の監督権限と重複しているようにも思われる。しかし，監査役は取締役が違法な業務執行を行わないよう監査する存在である（会381条1項以下）。

　この対比から取締役会の監督は主として妥当性監査を担い，監査役は適法性監査に限定するのが法の趣旨と解すべきである。これは，監査役は経営の専門家ではなく，会社の経営判断について言及することは，中立的な役割から離れることとなること，および会社法382条・384条の「著しく不当な」とは，取締役の善管注意義務（会330，民644条）・忠実義務（会355条）違反が存する適法性の問題に着目したものであり，妥当性監査を認めたものではないことからも分かることといえよう。

　以上のように，監査役の監査権限は適法性監査を範囲とし取締役会の監督権限の範囲と共通するが，妥当性監査には及ばない点で，取締役会の監督範囲と異なる。

### 2　監査・監督の方法について

⑴　代表取締役や業務執行担当取締役は，3カ月に一度取締役会に対する報告義務が課されている（会363条2項）。取締役会は情報収集を行うと同時に場合によっては，代表取締役の解職を行うことができる（会362条2項3号）。各取締役は監視義務を負い（会362条2項2号），取締役会の招集権も認められている（会366条）。

　しかし，取締役会による監督は，取締役同士の監督，つまり内部的な自己監査であ

るため限界がある。

⑵　そこで業務執行機関から独立した立場である，常時，取締役の職務執行を専門的に監査する監査役が置かれている。監査役は複数選任された場合であっても，各自が単独で監査を行う独任制の機関であり，その業務として下記①②③が挙げられる。

①　監査役は会計監査を担い，取締役の作成した計算書類等を監査する（会381条，436条・441条2項・444条4項）。

②　監査役は取締役の職務執行を監査するために，取締役に事業の報告を求め，自ら業務および財産を調査する権限を有し（会381条2項），必要があれば子会社調査権も有している（同条3項）。取締役が，株式会社に著しい損害を及ぼす恐れのある事実があることを発見したときは，直ちに当該事実を監査役に報告しなければならない（会357条1項）。また，監査役は取締役会に出席し，必要があると認めるときは意見を述べなければならず（会383条1項），これを通じて取締役の違法行為を発見することができる。

③　監査役は，取締役が株主総会に提出しようとする議案，書類その他法務省令で定めるものを調査しなければならず，この場合において，法令もしくは定款に違反し，または著しく不当な事項があると認めるときは，その調査の結果を株主総会に報告しなければならない（会384条）。また，監査役は，取締役が不正の行為をし，もしくは当該行為をするおそれがあると認めるとき，または法令もしくは定款に違反する事実もしくは著しく不当な事実があると認めるときは，遅滞なく，その旨を取締役（取締役会設置会社にあっては，取締役会）に報告しなければならず（会382条），監査役は必要があると認められるときは取締役会の招集を請求することもできる。これらの監査役からの情報提供により，各機関の監督権の発動を促すことができる。

　その他，監査役は，取締役が監査役設置会社の目的の範囲外の行為その他法令もしくは定款に違反する行為をし，またはこれらの行為をするおそれがある場合において，当該行為によって当該監査役設置会社に著しい損害が生ずるおそれがあるときは，当該取締役に対し，当該行為をやめることを請求することができるほか（会385条1項），各種の訴えの提起などにより直接的に代表取締役の違法な職務執行の阻止を行うことができる（会830条・831条1項・828条1項2号・2項2号等）。監査役には，取締役の職務の執行を是正する権限（監督是正権）も認められている点で取締役の監督的機能とは異なる面がある。

〈類題〉

・監査役会の監査体制の特徴と取締役会の監督体制との異同について論ぜよ。

〔堀野　裕子〕

## Ⅲ−34　会計限定監査役

> いわゆる会計限定監査役の任務と責任について論ぜよ。

〔論点〕
・会計限定監査役の責任に関する規制。
・会計限定監査役の任務に関する判例法理。

### 1　会計監査限定監査役の任務と責任

　すべての株式に譲渡制限がある非公開会社（監査役会設置会社でも会計監査人設置会社でもない場合）においては，定款で監査役の権限を会計監査権限に限定した監査役（会計限定監査役）を設置することができる（会389条1項）。これが認められるのは，非公開会社においては，株主の異動が稀で，株主が直接に取締役の業務執行を密接・継続的に監視することが可能だからである。

　監査役は，会社との関係については委任に関する規定に従うため，会社に対して善管注意義務を負うため（会330条，民644条），この義務に違反した場合，すなわち監査役がその任務を怠ったときは，会社に対して連帯して，これによって生じた損害を賠償する責任を負う（会423条1項・430条）。そこで，会計限定監査役はどのような任務を尽くすべきであるのかが問題となる。

### 2　会計監査限定監査役の会社に対する責任追及事例

　会計監査限定監査役の任務の内容について判示したのが，最判令和3年7月19日金判1629号8頁である。事案は次のとおりである。

　非公開会社であるX社の会計限定監査役Yは，公認会計士・税理士の資格を有し，会計事務所の所長としてAを補助者にしてX社の監査を担当していた。Yは，監査結果について，計算書類等について適正とする意見を監査報告書に記載していた。ところが，X社の経理担当従業員Bが，多数回にわたりX社名義の当座預金口座から自己の名義の預金口座に送金する手口で，合計2億円余を横領したことが発覚した。そこでX社は，Yに対し，監査役としての任務を怠ったことにより，X社による継続的な横領の発覚が遅れて損害が生じたと主張して，会社法423条1項に基づき，損害賠償を請求した。

　最高裁は，「会計限定監査役は，計算書類等の監査を行うに当たり，会計帳簿が信頼性を欠くものであることが明らかでない場合であっても，計算書類等に表示された情報が会計帳簿の内容に合致していることを確認しさえすれば，常にその任務を尽くしたといえるものではない」と判示した。

## 3　会計監査限定監査役の任務の内容

　会計帳簿とは，商人が取引上その他営業上の財産に影響を及ぼすべき事項を記載した帳簿のことである。会計帳簿は，法務省令で定めるところにより，適時にかつ正確に作成されなければならない（会432条1項）。会計帳簿は，取締役等の業務執行者によって作成され，その帳簿に基づいて計算書類等が作成される。監査役設置会社では，監査役は，計算書類等につき，これに表示された情報と表示すべき情報との合致の程度を確かめるなどして監査を行い，会社の財産および損益の状況を全ての重要な点において適正に表示しているかどうかについての意見等を内容とする監査報告を作成しなければならない（会436条1項）。なぜなら，この監査は，取締役等から独立した地位にある監査役が担うことによって，会社の財産および損益の状況に関する情報を提供する役割を果たす計算書類等につき（会437条・440条・442条参照），そのような情報が適正に表示されていることを一定の範囲で担保し，その信頼性を高めるために実施されるからである。

　会計限定監査役にも，取締役等に対して会計に関する報告を求め，会社の財産の状況等を調査する権限が与えられていること（会389条4項・5項）から，会計帳簿についても監査の対象になると解される（前掲最判令和3年7月19日）。したがって，会計帳簿が取締役等の責任の下で正確に作成されるべきものであるとはいえ，監査役は，会計帳簿の内容が正確であることを当然の前提として計算書類等の監査を行ってよいものではないことになる。

## 4　判例の射程

　前掲最判令和3年7月19日からすれば，会計監査限定監査役は，会計帳簿の裏付けとなる資料を確認することも求められよう（インターネットバンキングのインターネット上の映像の閲覧等）。この判例は，会計限定監査役に限定した判示をしていないため，この判例の射程は監査役の任務全般に及ぶと解される。

〈類題〉

・会計監査限定監査役の第三者に対する責任について論ぜよ（参照：大阪高判平成29年4月20日判時2348号110頁）。

〔大久保　拓也〕

# Ⅲ−35　会計監査人との連携

> 監査役と会計監査人の連携について論ぜよ。

〔論点〕————————————————————————————
・監査役と会計監査人の設置義務。
・監査役監査と会計監査人監査の関係，連携。

## 1　監査役と会計監査人の設置

　監査役は，取締役（会計参与設置会社にあっては，取締役および会計参与）の職務執行を監査する機関であり，業務監査と会計監査を行うのが原則である（会381条1項，会計監査に限定する場合についてⅢ−33参照）。会計監査人は，計算書類等の会計監査を行う機関である。会計監査人は，会計監査を強化するために大会社では設置しなければならず（会328条），これを設置するときは，会計監査人の経営陣からの独立性を確保するために，業務監査権限を有する監査役（大会社では監査役会）も置かなければならない（会327条3項・328条1項。なお委員会を置く場合を除く）。監査役については国家資格等の要件はないが，会計監査人は，会計監査の専門家が担うべきであるため，公認会計士もしくは監査法人でなければならない（会337条1項）。

## 2　監査役と会計監査人との関係，連携

(1)　会計監査人を設置する会社では，監査役による会計監査に加えて，会計監査人による会計監査を受けなければならない。監査役と会計監査人の会計監査権限が一見競合しているようにみえることから，両者の権限関係が問題となる。

　会計監査人の設置義務がある大会社は，株主・会社債権者・従業員の数が多く，経理内容が複雑であるから，高度な専門的知識を有する職業会計人による監査を受けることとして，経理の適正化を図っている。そこで，会計に関する監査については会計監査人が行い，その会計監査報告を監査役に提出する。監査役はその会計監査人の監査の方法または結果の相当性を判断し，相当でないと認めたときは，取締役および会計監査人にその旨およびその理由を含む監査報告の内容を通知する関係となっている（会436条2項，計規127条1項2号・132条1項・155条1項2号）。このため，会計監査人は，監査役等が会計監査人の監査の方法と結果の相当性を判断するために必要か

つ十分な情報提供を行うこと，また説明義務を果たす必要がある。

(2)　両者の具体的な連携の規定としては，以下のようなものがある。監査役は，その職務を行うため必要があるときは，会計監査人に対し，その監査に関する報告を求めることができる（会397条2項）。また，会計監査人は，その職務を行うに際して取締役の職務の執行に関し不正の行為または法令もしくは定款に違反する重大な事実があることを発見したときは，遅滞なく，これを業務監査権も有している監査役に報告する義務を負っている（会397条1項）。双方向のコミュニケーションにより，効果的かつ効率的な監査の実施が可能となり，会計監査の有効性だけでなく，監査役が担う業務監査の実効性を高めることにも繋がるといえる。

　会計監査人設置会社のうち，取締役の任期が1年を超えない監査役会設置会社は，定款で，剰余金の配当等について，取締役会の権限とすることができる（会459条1項）。この定款の定めは，最終事業年度の計算書類が会計監査人の無限定適正意見を受け，かつ監査役会の監査報告に会計監査人の監査の方法・結果を不相当とする意見がない場合に限り効力をもつ（会459条2項・460条2項，計規155条1項）。

　このように会計監査人の意見は実務上大きな影響力がある。会計監査人が公正な監査をするためには経営陣から独立の立場にある必要がある。一方，有効な監査をするためには，監査役との十分な連携が求められる。

　監査役は，株主総会に提出する会計監査人の選任・解任・不再任に関する議案内容を決定する権限があるほか（会344条），取締役が会計監査人の報酬等を決定する場合，同意権を有する（会399条）。他方，会計監査人に一定の事由が生じた場合には，株主総会の決議（会339条1項）を待つまでもなく，監査役全員の同意により，会計監査人を解任できる（会340条）。これらの監査役による権限の適切な行使は，会計監査人との十分な連携によりなし得るものといえよう。

　会計監査人は会計監査という立場を通じて監査役と十分な連携をとることにより，会計監査の側面から，コーポレート・ガバナンスの一翼を担う存在となることが期待されてきている。

〈類題〉
・会計監査人と監査等委員会との連携について論ぜよ。
・会計監査人と監査委員会との連携について論ぜよ。

〔堀野　裕子〕

## Ⅲ－36　会計参与

> 会計参与について論ぜよ。

〔論点〕
・会計参与が設置される理由。
・会計参与の資格，任期等に関する規制。
・計算書類の保管と閲覧等に関する規制。

### 1　会計に限定された業務執行機関

　会計参与は，中小会社の監査の適正化を図るために，会計に限定された業務執行権限をもつ機関である。会計参与は，取締役（執行役）と共同して計算書類（その附属明細書・臨時計算書類・連結計算書類を含む）を作成する（会374条1項）。計算書類を作成するために，会計参与は，会計帳簿・資料の閲覧・謄写権や子会社調査権等ももち（会374条2項～4項），会計参与報告を作成しなければならない（会374条1項）。

　計算書類の共同作成をするに当たり，取締役からの独立性が保証されていなければ計算の適正化を図ることはできない。そこで，監査役と同様に取締役からの独立性を保障する規制が適用される。会計参与の報酬の決定については取締役とは別に定めることとし（会379条。指名委員会等設置会社については，会404条3項・409条），費用の請求についても会社側が会計参与の職務に必要でないことを証明しない限り拒めない（会380条）。

### 2　会計参与の資格・任期

　会計には専門的な知識が必要であるから，会計参与の資格は会計に関する専門資格をもつ者，すなわち公認会計士（監査法人を含む）または税理士（税理士法人を含む）でなければならない（会333条1項）。

　会計参与には，業務執行機関から独立して業務を行うことが期待されているので，①株式会社・子会社の取締役，監査役もしくは執行役または支配人その他の使用人（会333条3項1号）や，②業務の停止の処分を受け，その停止の期間を経過しない者，ならびに，③税理士法43条の規定による業務の停止を受けて，同法2条2項に規定する税理士業務を行うことができない者を会計参与に選任することはできない（会333

条3項）。

## 3　会計参与の任期，義務，責任

　会計参与は，善管注意義務を負う（会330条，民644条）。会計参与に忠実義務，競業避止義務や利益相反取引規制が課されないのは，会計参与の業務執行権限が会計に関するものに限定されているからである。

　会計参与は，計算書類等の作成に関わる義務として，①会計参与がその職務を行うに際して取締役の職務の執行に関し不正の行為または法令もしくは定款に違反する重大な事実があることを発見したときは，遅滞なく，これを監査機関（監査役〔会〕，監査等委員会，監査委員会。監査機関のない会社では株主）に報告しなければならない（会375条）。それに加えて，②取締役会設置会社の会計参与は，計算書類等の承認をする取締役会に出席し，必要があると認めるときは，意見を述べなければならない（会376条）。

　また，会計参与は，一般的に，株主総会において，特定の事項（計算書類等に関する事項になろう）に関して株主が求めた事項について説明しなければならない（会314条）ほか，計算書類等の作成に関する事項について会計参与が取締役と意見を異にするときは，会計参与は，株主総会において意見を述べることもできる（会377条）。

　会計参与は，取締役と共同して計算関係書類を作成するため，これらの者と同様に会社や第三者に対して責任を負う（会423条1項・429条・430条）。

## 4　計算書類の保管

　会計参与が適正な計算書類を作成しても，それが会社によって改竄されては計算書類を信頼できない。そこで，会計参与は，株式会社とは別に，計算書類・会計参与報告を定時総会の日の1週間（取締役会設置会社では2週間）前の日（全株主の同意があったときは議題の提案時）から5年間，会計参与が定めた場所に保存しなければならず（会378条1項），その場所は登記される（会911条3項16号）。

　そして会計参与が保存している計算書類等に対して，会計参与設置会社の株主・債権者は，会計参与設置会社の営業時間内はいつでも，会計参与に対して，計算書類の閲覧を求め，または，会計参与の定めた費用を支払って謄本・抄本の交付もしくは電磁的提供等を求めることができる（会378条2項。親会社社員の請求は同条3項）。

〈類題〉

・会計参与設置会社において，会計参与と取締役・執行役との意見が対立した場合の問題と，その場合に会計参与がとり得る措置について論ぜよ。

〔大久保　拓也〕

# Ⅲ－37　違法配当

> 分配可能額規制と，違法配当がなされた場合の責任について論ぜよ。

〔論点〕

・分配可能額とは何か。

・違法配当とは，どのような場合をいうか。

・違法配当が行われた場合，株主や関与した業務執行者等はどのような責任を負うか。

## 1　分配可能額規制

　株式会社は，株主に対し，剰余金の配当をすることができる（会453条）。剰余金の配当を受ける権利は，株主の権利の一つである（会105条1項1号）。

　剰余金の配当は，その効力を生ずる日における分配可能額を超えてはならない（会461条1項8号。なお，会458条）。分配可能額は，剰余金の額をもとに，所定の金額を加減して算定される（会461条2項，計規156条〜158条）。剰余金は，最終事業年度末日におけるその他資本剰余金・その他利益剰余金をもとに，所定の金額を加減して算定される（会446条，計規149条・150条）。

　分配可能額規制は，会社債権者の保護を目的とする。会社債権者は，株主有限責任制度のもとで，会社財産のみを引当てとする。この規制により，一定の財産を会社に維持することで，株主と会社債権者の利害調整を図っている。

　分配可能額規制を超えて配当がなされた場合（違法配当），以下の責任が生じる。

## 2　違法配当に関する責任

⑴　**金銭等の交付を受けた者の責任**　違法配当が行われた場合，金銭等の交付を受けた者は，当該金銭等の帳簿価額に相当する金銭を，会社に対して，支払う義務を負う（会462条1項柱書）。交付を受けた者の善意・悪意や，過失の有無は問われない。

　会社債権者も，上記の者に対し，その債権額の範囲内で，支払いを請求できる（会463条2項）。債権者代位権の特則である（江頭713頁）。

⑵　**業務執行者等の責任**　違法配当が行われた場合，業務執行者等は，交付をした金銭等の帳簿価額に相当する金銭を，会社に対し，金銭等の交付を受けた者と連帯して，支払う義務を負う（会462条1項柱書）。株主が支払義務を負うとしても，個々の

株主からの返還を受けるのは実際上難しいことがあるためである。

　この義務を負うのは，①その職務を行った業務執行者（会462条１項柱書），すなわち業務執行取締役・執行役，その他法務省令で定める者（計規159条）である。②総会議案提案取締役（会462条１項６号イ。なお，計規160条参照）・取締役会議案提案取締役（会462条１項６号ロ。なお，計規161条参照）もこの義務を負う。

　業務執行者等は，その職務を行うについて注意を怠らなかったことを証明したときは，責任を負わない（会462条２項。東京地判平成30年３月29日判時2426号66頁参照）。総株主の同意により，分配可能額を限度として，責任を免除できる（同条３項）。

　業務執行者等は，この義務を履行した場合，株主に求償できるが，対象は，悪意の株主に限られる（会463条１項）。違法配当について有責な業務執行者等に，善意の株主への求償を認めるべきではないからである（田中458頁）。

⑶　その他の者の責任　　業務執行者等以外の役員等も，違法配当につき任務懈怠がある場合には，責任を負う（会423条１項。大阪地判平成20年４月18日判時2007号104頁〔百選71事件〕参照）。

⑷　刑事罰　　取締役等の刑事責任については，会963条５項２号参照。

## 3　分配可能額規制に違反する行為の私法上の効力

　違法な剰余金の配当等の効力について，会社法の立案担当者は有効と解する（相澤哲＝岩崎友彦「株式会社の計算等」相澤哲編著『立案担当者による新・会社法の解説』別冊商事法務295号〔商事法務，2006年〕135頁）。他方で，これを無効と解する見解も有力である（江頭262頁）。

## 4　期末の欠損てん補責任

　分配可能額規制に従い剰余金の配当を行った場合でも，事業年度末に分配可能額がマイナスとなる場合（欠損）がある。この場合，その職務を行った業務執行者は，会社に対し，連帯して，欠損の額（分配額を上限）を支払う義務を負う（会465条１項）。定時株主総会において剰余金の配当の決議（これに代わる取締役会決議を含む）をした場合（同項10号イ）や，資本金・準備金を減少して剰余金の配当を行う場合（同号ロハ）には，この義務は生じない。また，業務執行者は，その職務を行うについて注意を怠らなかったことを証明した場合には，責任を負わない（会465条１項但書）。責任の免除は総株主の同意による（同条２項）。

〈類題〉

・自己株式の取得に関する財源規制につき，その適用を受けない場合も含め，論ぜよ。

〔山本　将成〕

## Ⅲ－38　会計帳簿閲覧請求権

会計帳簿閲覧請求権と業務検査役について論ぜよ。

〔論点〕
・株主による取締役の業務執行への監督是正権の手段。
・業務検査役選任申立てが認められる要件。
・会計帳簿閲覧請求権の対象となる文書の範囲と請求拒絶事由。

### 1　株主による取締役業務執行への監督是正権の手段

株式会社の経営と所有の分離により，株主には株主総会において議決権を行使し，会社の重要な意思決定に参加するほか，取締役に対し法令違反等行為差止請求権等の取締役の業務執行に対する監督是正権が認められている。しかし，これらの権利を行使するためには，会社の業務および財産の状況に関する情報を入手し，かつそれらの情報を適正に把握できる必要がある（会社法コンメ(8)107頁〔久保田光昭〕）。総株主の議決権の100分の3以上もしくは発行済株式の100分の3以上の議決権を有する株主は，会社の業務および財産の状況を調査させるため，裁判所に対し（業務）検査役の選任の申立てを行うことができる（会358条）。弁護士や公認会計士等が検査役として就任し専門家としての知見で会社の業務等を調査することにより株主の監督是正権を強化する目的がある。しかし，株主が検査役選任を裁判所に申し立てるためには，会社の業務執行に関し，不正行為または法令・定款に違反する重大な事実があることを疑うに足りる事由があることが要件とされ，検査役選任申立てが認められるためには，株主が相応に高い立証責任をはたさなければならない。

株主が会社の業務等を直接調査できる方法として，総株主の議決権の100分の3以上もしくは発行済株式の100分の3以上の議決権を有する株主は，法令・定款違反行為等の重大な事実の立証等は必要とされず，会社の営業時間中に請求の理由を明らかにして，会計帳簿または会計に関する資料の閲覧もしくは謄写を請求することができる（会433条1項，会計帳簿閲覧請求権）。

### 2　問題の所在

まず，会計帳簿閲覧請求権の対象となる文書の範囲が問題となり，契約書や親書等

は会計帳簿作成の記録材料として用いられない限り含まれないとする限定説に対し，会計に関する帳簿・書類を調査するために必要と認められる限り直接会計に関する書類である必要はないとする非限定説が存在する（商事法講義⑴231頁）。下級審では，法人税確定申告書等の会計帳簿を基礎として作成される書類は会計帳簿には該当しないと限定的に判断しているが（横浜地判平成3年4月19日判時1397号114頁［百選A30事件］），会計監査人等の調査の対象となる会計帳簿等（会389条4項・396条2項）と異なるものと解すべき理由はなく，会社の会計に関する一切の帳簿・資料が会計帳簿閲覧請求権の対象に含まれるとの説が有力となっている（江頭734頁）。

　会計帳簿等の対象範囲が問題となるのも，これらの資料には会社固有の重要情報が含まれ，会計帳簿閲覧により会社または株主共同の利益が害されるおそれがあるからであり，会社には会計帳簿閲覧請求に対し拒絶事由（会433条2項）に該当することを立証することにより閲覧拒絶が認められている。

## 3　拒絶事由に関する裁判所の判断と問題点

　会計帳簿閲覧請求は，株主の権利確保または行使に関し調査をなすためにのみ認められ，会社の業務を妨げ，株主共同の利益を害する目的がある請求であれば認められないことが拒絶事由の法制度の基本となる（江頭736頁）。敵対的買収者が対象会社の情報を取得するために会計帳簿閲覧請求権を行使する際，会社は請求者が会社と競合する事業を営むことを事由として請求を拒絶する等（会433条2項3号参照），企業買収の局面において閲覧請求拒絶が裁判で争われることが多い。裁判所は，会社の業務と実質的に競争関係にある事業を営む等の客観的事実が認められれば足り，請求者に会計帳簿等の閲覧等により知り得る情報を自己の事業に利用するなどの主観的意図があることを要しないと判断している（最決平成21年1月15日判時2031号159頁）。

　企業買収において，敵対的買収者が対象会社の資産査定等の調査を行う方法は限定されるため，形式的な競業の事実のみをもって閲覧請求の拒絶を認めてしまうと，会社支配権が異動した際の円滑な組織再編が妨げられ，かえって株主共同の利益が害されるおそれもある。閲覧を許容する資料の範囲を裁判所が制限できることも考慮すると，判例のように一律に拒絶を認めることには疑問が残る。

〈類題〉

・株主が取締役の監督是正権を行使するため，どのような権利が認められているかについて論ぜよ。

・会計帳簿閲覧請求権の文書の範囲はどこまでが対象となるかについて論ぜよ。

・会社はどのような場合，株主による会計帳簿閲覧請求を拒絶できるかについて論ぜよ。

〔坂東　洋行〕

# IV 設立・解散と組織再編

◆設立・解散
◆組織再編

# Ⅳ－1　発起人

---

「設立中の会社」について論ぜよ。

---

〔論点〕━━━━━━━━━━━━━━━━━━━━━━━━━━━━━━━
・「設立中の会社」の権利義務関係と設立後の会社。
・発起人が会社設立中に行いうる行為類型。

---

## 1　設立中の会社

　会社は，発起人が定款を作成および署名し（会26条），設立登記によって法人格を取得することで成立する（会49条）。会社設立までの間，発起人は法定の手続を履践すると同時に（準則主義），設立後の会社のため必要な物資の買入れや開業準備行為等をも行う。

　発起人が会社設立前に行う行為については，会社成立前の会社は権利能力をもたないため，発起人は会社の代理人となることはできず，当該行為の効果の帰属が問題となる。これについては，会社としての実体を整備しつつある存在を「設立中の会社」という権利能力なき社団として介在させることで説明される。「設立中の会社」は，発起人が定款を作成し，一株以上を引き受けた段階で成立すると解されている。発起人がした開業準備行為等の法律上の効果はいったん発起人に帰属するが，経済上の効果は「設立中の会社」に帰属し，「設立中の会社」は，会社の設立に関する行為の範囲内であれば，法人格の有無を超えて成立後の会社と同一であるため，その効果は法律上も経済上も会社成立後は格別の移転行為なしに会社に移転すると説かれている（同一性説）。

　このように，法人格の有無を超えて設立中の会社と成立後の会社とが実質的に同一であると考えることで，設立中の会社をめぐる法律関係が，特別の移転行為も権利義務の承継もなく成立後の主体へ帰属するというのが通説である（同一性説）。

　しかし，同一性説によっても，発起人が設立段階においてしたすべての行為の効果が当然に設立中の会社に帰属し，また設立後の会社に帰属するのではない。発起人は設立中の会社の機関として活動するため，発起人が設立中の会社の権限に属する行為をした場合にのみ，当該行為の効果が設立中の会社に帰属し，また成立後の会社にも

当然に帰属する。

## 2　設立中の会社の権限に属する行為とは何か

　発起人が設立中の会社のためになす可能性がある行為には，①定款の作成，株式の引受け・払込み，創立総会の招集等設立を直接の目的として法定される行為，②設立事務所の賃借や設立事務員の雇用等，設立のため事実上・経済上必要な行為（設立費用），③財産引受け等，会社成立後すぐに事業活動を開始するために必要な行為（開業準備行為），そして④事業行為の4種類が考えられる。

　発起人の行為がどこまで設立中の会社に帰属するかについては見解が分かれているが，どの説においても①定款の作成や創立総会の招集等が含まれること，および④が含まれないことは一致している。

　②の設立費用は，発起人がいったん自己の名で支出し，会社成立後，会社の負担に帰すべき限度で変態設立事項（会28条4号）として会社に求償することが可能である。判例は定款への記載および創立総会での承認を条件として当該支出が直接会社に帰属し，発起人には支払いを請求できないとしている（大判昭和2年7月4日民集6巻428頁）。定款に個別の行為の内容や金額を記載する必要はないが，上限を定めるため，総額を記載しなければならない。

　③の開業準備行為とは，会社成立後の事業活動に必要または有益な人的・物的設備を準備するための取引行為，具体的には土地・建物・設備の取得や原材料の仕入れ，製品の販売ルートの確立等を指す。

　開業準備行為は会社の設立に関する行為とはいえないため，判例は開業準備行為を発起人の権限であるとはしておらず，その効果は当然に設立後の会社に帰属するものではない（最判昭和33年10月24日民集12巻14号3228頁）。

　発起人が会社のため会社の成立を条件として特定の財産を譲り受ける契約である財産引受け（会28条2号）も，開業準備行為の一種である。判例に従えば，発起人は設立に必要な行為のみなしうるが，財産引受けは開業準備行為であってもとくに必要性が大きいため，変態設立行為として定款記載および検査役の調査という厳格な規制のもと例外的に認められた制度であることになる。同様に，定款に記載のない財産引受けにつき会社が追認しうるか否かについても，信義則違反等特段の事情がない限り追認を認めないというのが判例の立場である（最判昭和28年12月3日民集7巻12号1299頁，最判昭和61年9月11日裁判集民事148号445頁）。

〈類題〉

・成立後の会社に帰属していない行為についての発起人の責任について論ぜよ。

〔長谷川　乃理〕

## Ⅳ－2　財産引受け

> 定款に記載なき財産引受けの効力と追認の可否および設立費用の帰属につき論ぜよ。

〔論点〕
・定款に記載なき財産引受けの追認の可否。
・設立費用に関する債権者は，発起人と設立後の会社のいずれに請求できるか。

### 1　財産引受け

　財産引受けとは，発起人が設立中の会社のために会社の成立後に財産を譲り受ける旨を約する契約のことをいう（会28条2号）。財産引受けは，会社設立自体には不要であるが，成立後の会社が事業を円滑に行うための開業準備行為の一種である。また，財産引受けには，売買，交換，請負，賃貸借が含まれると解されている。

　財産引受けは，財産が過大評価されることにより会社成立後の会社財政の健全性を害し，現物出資規制の潜脱に用いられる可能性があることから，譲り受けることを約した財産，その価額および譲渡人の氏名・名称を定款に記載し（会28条2号），検査役の調査を受けることが原則として必要とされている（会33条1項）。そして，定款に記載のない財産引受けの効力は，無効となる（会28条柱書）。法定の要件を満たした財産引受けは，発起人の権限に属し，成立後の会社に効果帰属する。

　定款に記載のない財産引受けについて追認することの可否については，判例（最判昭和28年12月3日民集7巻12号1299頁，最判昭和61年9月11日判時1215号125頁）において，株主・債権者等の会社の利害関係人の保護を図るべく，定款に記載のない財産引受けの効力は絶対無効であるとし，追認は否定され，譲渡人からの無効主張も認めている。判例の見解によれば，当該財産が会社にとって必要な場合には，成立後の会社は，譲渡人と改めて取得の契約を結ぶこととなる。その際には，事後設立として株主総会の特別決議による承認（会467条1項5号・309条2項11号），重要な財産の譲受けとして取締役会決議による承認（会362条4項1号）が必要となる場合もある。これに対して，学説上は，財産引受契約締結後に，当該財産の価額が上下した場合には，会社が有利な判断をすることが可能となるようにすべく，無権代理行為の追認規

定（民116条）の類推適用を認め，追認を肯定する見解もある。追認を肯定する見解においても，事後設立として株主総会の特別決議による承認（会467条１項５号・309条２項11号），重要な財産の譲受けとして取締役会決議による承認（会362条４項１号）が必要となることもある。

　もっとも，判例（最判昭和61年９月11日判時1215号125頁）においても，契約締結後約９年を経過して，初めて定款に記載がないことから財産引受けが無効であるとの主張された事案において，信義則上，無効を主張できない「特段の事情」があるとされている。

## 2　設立費用

　設立費用とは，会社の設立に際して必要となる費用である（会28条４号）。たとえば，設立事務所を賃借した場合の賃料，設立事務のために雇用した従業員の給与である。

　設立費用も，過大な設立費用の支払いがなされると，設立後の会社財政の健全性を害することから，総額の定款への記載（会28条４号）と検査役の調査（会33条１項）が必要とされている。もっとも，定款の認証手数料，定款に係る印紙税，払込取扱金融機関に支払う手数料・報酬，検査役の報酬および設立登記の登録免許税については，成立後の会社に損害を与えるおそれがないことから，定款に記載しなくても，成立後の会社の負担とすることができる（会28条４号，会規５条）。

　設立費用を発起人が支出したときは，発起人は，成立後の会社に対して，定款に記載された額の範囲内で求償することができる。また，設立費用が定款に記載された額を超えた場合には，発起人の負担となる。

　設立費用に関する債権者に対して支払いがなされておらず，設立費用が定款に記載された額を超えた場合に，債権者は誰に対して請求できるかが問題となる。判例（大判昭和２年７月４日民集６巻428頁）においては，発起人が定款に記載された設立費用の額の限度内においては，発起人のした取引の効果は設立後の会社に帰属し，相手方は，発起人には請求できず，会社に対してのみ請求できると解している。

〈類題〉

・定款に定めのない変態設立事項の効力について論ぜよ。

〔金澤　大祐〕

## Ⅳ－3　仮装の払込み

> いわゆる払込みの仮装について論ぜよ。

〔論点〕
・仮装の払込みにはどのようなものがあるのか。
・仮装の払込みがなされた場合の当該払込みの有効性。
・仮装の払込みをした者はどのような責任を負うのか。

### 1　問題の所在─仮装の払込みの類型

　株式会社を設立する場合や株式会社が募集株式を発行する場合，発起人や株式引受人は出資契約に基づき出資を履行する（会34条1項・208条1項）。出資の履行は，金銭の場合，発起人や会社が定めた銀行等の払込取扱機関においてなされなければならない（会34条2項・208条1項）。募集設立による方法では，設立時において，発起人は払込取扱機関に対して払込保管証明の交付を請求し得る（会64条1項）。

　しかし，形式的に出資の履行がなされていたとしても，実質的にみれば出資が履行されたとはいえず，その外観を作出するような仮装の払込みが行われることがある。このような払込みを仮装する典型例として，①預合いと，②見せ金と呼ばれる方法がある。仮装の払込みは，資本充実の原則を害する行為であることから，仮装の払込みがなされた場合，当該払込みは有効な出資の履行と言えるのか，そして，仮装の払込みをした者にはどのような責任が生じるのかが問題となる。

### 2　仮装の払込みの有効性

#### (1)　預合いの場合

　預合いとは，発起人が払込取扱機関の役職員と通謀し，発起人が払込取扱機関から払込金相当額の金銭を借り入れ，同人がその借り入れを弁済するまで会社として払込取扱機関に対して払込金の返済を要求しない旨を約するような方法をとることによって行われる仮装の払込み手段である（江頭84頁。会965条）。預合いは実態として，発起人と払込取扱機関との間で金銭のやり取りが行われずに会社の設立が可能となることで会社の資本の形成が全く行われない。

　それでは，預合いによる払込みは私法上有効な出資の履行と言えるのだろうか。預

合いは会社財産の形成に全く寄与しない出資の履行と考えられる。したがって，私法上，預合いによる出資の履行は無効であると解される。

## (2)　見せ金の場合

　見せ金とは，発起人が払込取扱金融機関以外から払込金額相当額の金銭を借り入れ，当該借入金を払込金として払込取扱金融機関に払込み，会社成立後，取締役に就任した同人が直ちにそれを引き出し，自己の借入金の弁済に充てるものである（江頭84頁）。

　出資の履行が見せ金に当たるか否かにつき，最判昭和38年12月6日民集17巻12号1633頁は，「会社成立後…借入金を返済するまでの期間の長短，…払戻金が会社資金として運用された事実の有無，或は…借入金の返済が会社の資金関係に及ぼす影響の有無等」を勘案すると述べる。つまり，会社成立後，銀行から引き出した資金が会社資金として運用されることなく，すぐに借入金の返済に充てられるような場合等には見せ金として認められる可能性があるという。このような見せ金は私法上有効かが問題となるが，同判例は「かかる払込は，単に外見上株式払込の形式こそ備えているが，実質的には到底払込があったものとは解し得ず，払込としての効力を有しないものといわなければならない」と判示し，無効であるとする。

## 3　仮装の払込みをした者の責任

　2で述べたように，預合いや見せ金による仮装の払込みが行われた場合には，当該仮装の払込みをした者にはどのような責任等が生じるのだろうか。会社設立時においては，発起人が，払込みを仮装した場合には，払込みを仮装した出資に係る金銭の全額の支払いをする義務を負う（会52条の2第1項。募集株式発行時の株式引受人につき会213条の2第1項）。さらに，仮装の払込みをした発起人等以外に，当該行為に関与した発起人または設立時取締役として法務省令で定める者は，会社に対して，52条の2第1項各号に規定する支払いをする義務を負い（同条2項），そして，1項において定められている支払義務者と連帯債務を負うことになる（同条3項）。

　したがって，預合いや見せ金による仮装の払込みが私法上有効であるか否かにかかわらず，発起人等は上記のような責任を負うことになる。また，2(2)の見せ金該当性の判断要素は，会52条の2および会213条の2が定める「払込みを仮装した場合」に当たるか否かの判断要素になるといえる。

　なお，発起人等が預合いを行ったときは刑事責任を負う（会965条）。また，見せ金の場合にも，公正証書原本不実記載罪（刑157条）が成立し得る（最決平成3年2月28日刑集45巻2号77頁）。

〈類題〉

・仮装の払込みがなされた場合，会社設立無効事由や新株発行無効事由となるかについて論ぜよ。
　　　　　　　　　　　　　　　　　　　　　　　　　　　　　　　〔南　健悟〕

# Ⅳ－4　株式会社の解散

> 株式会社の解散について論ぜよ。

〔論点〕
・株式会社の解散事由。
・解散請求と会社法833条1項にいう「やむを得ない事由」の意義。

## 1　株式会社の解散事由

　株式会社を解散するには，法律で定められた解散する事由（解散の原因）が必要である。すなわち，①定款で定めた存続期間の満了，②定款で定めた解散事由の発生，③株主総会の決議，④合併により会社が消滅する場合，⑤破産手続開始の決定，⑥裁判所による解散命令，⑦解散判決，⑧休眠会社のみなし解散である（会471条各号・472条）。

　株式会社の解散は，株主総会の特別決議で決定することができる（会471条3号・309条2項11号）。株主総会の特別決議を成立させることはできないが，株主の正当な利益を保護するためには会社を解散するしかないような場合には，少数株主が解散判決を求めて訴えを提起することが認められている（会833条1項）。解散判決がなされるのは，株式会社，持分会社ともに，「やむを得ない事由」がある場合に限られ，株式会社においては，「株式会社が業務の執行において著しく困難な状況に至り，当該株式会社に回復することができない損害が生じ，又は生ずるおそれがあるとき」（会833条1項1号），「株式会社の財産の管理又は処分が著しく失当で，当該株式会社の存立を危うくするとき」（同項2号）のいずれかに該当する必要がある。1号解散事由の典型的な事例は，50パーセントずつの議決権を有する二派の対立により，会社としての意思決定ができないデッドロックの状態が生じる場合であり，2号解散事由の典型的な事例は，取締役の会社の存立にかかわる非行について，同人が過半数の議決権を保有するため，その是正が期待できないような場合である。

## 2　会社法833条1項にいう「やむを得ない事由」の意義

　解散判決の要件である「やむを得ない事由」の意義について，最判昭和61年3月13日民集40巻2号229頁は，合名会社の少数株主が会社の解散を請求した事案において，

「…多数派社員と…少数派社員の二派が生じ，その間に決定的な利害の対立が存在し，このため，……多数派社員による不公正かつ利己的な業務執行によって少数派社員に恒常的な不利益が生じている状態にあるものといわざるを得ないから，これを打開すべき手段が存在しない限り，会社には解散事由があるものというべきである。」と判示し，「打開の手段とは，その困難な事態を解消させることが可能でありさえすれば，いかなる手段でもよいというべきではなく，社員間の信頼関係が破壊されて不和対立が生ずるに至った原因，解散を求める社員又はこれに反対する社員の右原因との係わり合いの度合，会社の業務執行や利益分配が解散を求める社員にとってどの程度不公正・不利益に行われてきたか，その他諸般の事情を考慮して，解散を求める社員とこれに反対する社員の双方にとつて公正かつ相当な手段であると認められるものでなければならない」とする。

　また，東京地判平成28年2月1日判例集未登載は，いわゆるデッドロックの状態にある株式会社の解散請求事案において，「『株式会社が業務の執行において著しく困難な状況』とは，例えば，株主や取締役が等分に対立していて，相互の対立，不信が極めて強く，取締役の改選等を行ってみても停滞を打破することができないような場合や，そもそも株主総会を開催して取締役の改選決議をすることが困難な場合をいい，『やむを得ない事由があるとき』とは，多数派株主の不公正かつ利己的な業務執行により，少数派株主がいわれのない不利益を被っており，このような状況を打破する方法として解散以外に公正かつ相当な手段がない場合のほか，株主間の不和等を原因として，会社の正常な運営に必要な意思決定ができないために，業務の継続が不可能となり，会社の存続自体が無意味となるほどに達しているときに，会社維持の観点から解散をしないで別の公正かつ相当な方法でその状況を打開することができない場合をいうと解される。」と判示している。

　「やむを得ない事由」の認定に会社の存続意義をも考慮すべきかについては，会社の実態によっても異なると思われ（百選191頁〔宍戸善一〕），裁判例も分かれている（論点体系(6)233頁，237頁〔得津晶〕）。

## 3　残された課題

　株式会社においては法文上，会社の存在そのものに影響する場合でない限り，いかに少数株主の保護の必要がある場合であっても解散請求は認められない（会833条1項）。持分会社に比較して，株式会社の解散請求の要件が厳格な理由として，株式会社の社団性の強さおよび株主の有限責任等があげられている（青竹正一『小規模閉鎖会社の法規制』〔文眞堂，1979年〕137頁等）。

　株式会社においては，継続企業を維持することが会社債権者保護上重要と考えられるが，会社の損害を不可欠の要件とすべきかについて，立法論として再検討する余地

174

があるとの指摘がある（江頭1042頁）。

〈類題〉

・持株割合が各50％の社員２人からなる定款による株式譲渡制限会社において，当
　該社員の不和を理由とする解散請求は認められるかについて論ぜよ。

〔小野寺　千世〕

# Ⅳ－5　事業譲渡と会社分割

> 事業譲渡と会社分割の異同について論ぜよ。

〔論点〕

・事業譲渡とは何か。

・会社分割とは何か。

・事業譲渡と会社分割には，どのような共通点・類似点があるか。

・事業譲渡と会社分割には，どのような相違点があるか。

## 1　企業の再編

　企業の再編を行う際には，採りうる各手法の特徴をふまえ，スキームが検討される。以下，事業譲渡と会社分割をみていく。

## 2　事業譲渡―取引行為

　事業譲渡とは，譲渡会社の事業を，譲受会社に譲渡することをいう。事業譲渡は，事業を対象とする売買等の契約であり，取引行為である。

## 3　会社分割―組織再編行為

　会社分割とは，分割会社が，その事業に関して有する権利義務の全部または一部を他の会社に承継させることをいう。既存の会社（承継会社）に承継させる場合を吸収分割（会2条29号），新たに設立される会社（設立会社）に承継させる場合を新設分割（同条30号）という。会社分割は，組織再編行為である。

## 4　共通点・類似点

　事業譲渡は，権利義務を承継させるものとして，会社分割と同様の効果を実現しうる。その規模が一定以上となれば，実質的には企業の再編に値する。そのため，株主保護の観点から，原則として株主総会の特別決議が必要となる（会467条1項1号・2号・309条2項11号）等，組織再編行為と類似の規整が設けられている（以上につき，中東正文「組織再編行為の諸類型と法規整」法学教室374号〔2011年〕33・34頁参照）。

　なお，平成26年会社法改正にて，残存債権者を害することを知って事業譲渡や会社分割がなされた場合に，当該債権者の保護を図るための規定が設けられた（会23条の

2 ・759条 4 項・764条 4 項)。

## 5　相違点

(1)　**主体**　　事業譲渡（営業譲渡）は，会社に限らず，個人商人も可能である。

　会社分割は，株式会社または合同会社が行うことができる（会757条・762条 1 項）。

(2)　**承継の対象**

　事業譲渡の対象は，事業の全部または一部である。事業の意義については，最大判昭和40年 9 月22日民集19巻 6 号1600頁を参照されたい。

　会社分割の対象は，事業に関して有する権利義務の全部または一部であり，事業を単位としなくてもよい（相澤＝葉玉＝郡谷・論点解説668～669頁）。

(3)　**承継の内容**

ア　事業譲渡

　事業譲渡の場合，権利義務の承継は，特定承継である。その対象は，契約により定められる。

　資産の移転には，第三者対抗要件の具備を要する（民177条・178条・467条等）。

　譲渡会社の債務を譲受会社に免責的に引き受けさせる場合には，債権者の承諾が必要となる（民472条）。債権者が承諾しない場合は，譲渡会社も義務を免れることができない。

　労働契約の移転についても労働者の承諾を要する（民625条 1 項）。

イ　会社分割

　会社分割の場合，権利義務の承継は，包括承継である。ただ，会社分割では，吸収分割契約・新設分割計画において承継の対象が定められることから，部分的包括承継ともいわれる（商事法講義(1)311頁）。また，合併における消滅会社の場合と異なり，分割会社が存続するため，承継の効果は複雑となる（江頭929頁）。

　資産の移転について，会社分割の場合，第三者対抗要件の具備が必要となる。会社分割の登記をしても，承継会社や設立会社は，権利の取得を第三者に対抗できない。会社分割の登記は，会社分割をしたことを示すにすぎず，第三者が各権利の承継について知るものではないためである（田中695頁）。

　債務の承継については，債権者の同意は必要ない。ただ，不採算部門の権利義務が分割される等により，債権者は不利益を被りうる（江頭948頁）。そこで，会社法は，債権者保護のために，一定の債権者を債権者異議手続の対象とする（会789条 1 項 2 号・799条 1 項 2 号・810条 1 項 2 号）。また，分割会社の債権者が，会社分割に異議を述べることができる場合に，各別の催告（会789条 2 項・810条 2 項。なお，会789条 3 項・810条 3 項）を受けなかったときには，一定の限度で，当事会社の連帯責任を認める（会759条 2 項・ 3 項・764条 2 項・ 3 項）。

　労働契約の承継についても，労働者の承諾は必要とされない。ただ，使用者の変更は労働者への影響が大きいため，「会社分割に伴う労働契約の承継等に関する法律」等の定める手続を経ることが求められる（商事法講義⑴318頁）。これについては，Ⅳ－9参照。

⑷　**無効等**　　事業譲渡の無効や取消しは，民法の一般原則に服する。

　会社分割の無効の主張は，会社分割無効の訴え（会828条1項9号・10号）によるとされ，法律関係の画一的確定が図られる。

〈類題〉

・合併と，会社分割や事業譲渡との異同について論ぜよ。

〔山本　将成〕

# Ⅳ－6　商号の続用

いわゆる商号続用規制が類推適用される場合について論ぜよ。

〔論点〕

・商号続用規制の趣旨。
・商号の続用と判断される場合。
・事業譲渡と商号続用規制の類推適用。

## 1　商号続用規制の意義

⑴　**商号続用規制の制度趣旨**　会社法22条1項は，事業を譲り受けた会社（譲受会社）が譲渡会社の商号を引き続き使用する場合には，その譲受会社も，譲渡会社の事業によって生じた債務を弁済する責任を負う旨規定する。これを，商号続用規制という。商法17条1項も実質的に同一内容の規制である。

　商号続用規制の趣旨につき，判例は，商号が続用されている場合に，債務者が債権者の交代を知らなかったり，交替を知っていても債務引受（民法470条以下）があったと考えるのが通常であるところから，商号の続用という外観に対する債権者の信頼を保護する制度であると理解する（外観説：最判昭和29年10月7日民集8巻10号1795頁）。本条が適用・類推適用される場面は，債務者の弁済が危機的状況にある場合である。機能的には，本条は，かかる場面における詐害行為を，商号の続用という側面に着目して規制しようとしたものである。その意味では，本条は，詐害行為取消権（民法424条）や法人格否認の法理の代替的機能を果たしている。

⑵　**免責の登記**　その上で，会社法22条2項は，「事業を譲り受けた後，遅滞なく，譲受会社がその本店の所在地において譲渡会社の債務を弁済する責任を負わない旨を登記した場合」には，商号続用規制を適用しないものとしており，これをうけ商業登記法は，免責の登記を用意している（商業登記法31条）。

⑶　**裁判例にみる商号続用規制の射程**

　裁判例は，いくつかの場面において，商号続用規制の類推適用を認めている。そのいくつかを挙げてみよう。①最判昭和47年3月2日民集26巻2号183頁は，営業の現物出資を受けて設立された会社が出資者の商号を続用する場合において，②最判平成

20年6月10日判タ1275号83頁は，会社分割に伴いゴルフ場の事業を承継した会社が預託金会員制のゴルフクラブの名称を引き続き使用している場合において，③東京高判平成14年9月26日判時1807号149頁は，ゴルフ場の経営委託を受けた会社がゴルフクラブの名称を続用する場合において，それぞれ商号続用規制の類推適用を認めている。

　このように判例は，商号続用規制がその本来的適用場面を超え類推適用されることについては，比較的寛容である一方，「続用」といえるかの判断基準については，慎重なところがある。例えば，④最判昭和38年3月1日民集17巻2号280頁は，「有限会社D」から営業を譲り受けた者が「合資会社新D」の商号を使用するときに，商号を続用する場合にあたらないとしている。

　これらの事案はいずれも元の会社が財務上危機を迎えている状況において，事業の継続を図るべく，事業を当該会社から切り離そうとした事案であるといってよい。かかる場面において，元の会社の債権者（例えば，②③における預託金債権者）を保護するか，事業の継続を優先させるかという価値判断が，商号続用規制の適用・類推適用という形をとってなされているのである。

## 2　事業譲渡と商号続用規制の類推適用

(1)　**最判平成16年2月20日民集58巻2号367頁の事実関係と問題の所在**　　以上の価値判断の対立が極限的状況で顕在化したのが，⑤最判平成16年2月20日民集58巻2号367頁である。これは次のような事例である。

---

【Case】

　A株式会社は，「ギャラック」の商号で預託金会員制ゴルフクラブ「甲カントリークラブ」を運営する株式会社であり，Xは，Aに預託金1,300万円を提供し，甲カントリークラブ会員となった預託金債権者である。

　Aは，前記ゴルフクラブ事業をY株式会社に譲渡することになった。Y株式会社は，「ギャラクシー淡路」の商号を用いるが，前記ゴルフクラブの運営につき，「甲カントリークラブ」という従前からの名を活かしたゴルフクラブ事業を行うことにした。なお，Yが前記ゴルフクラブ事業を譲り受けるに際し，Aが本件クラブの会員に対して負担している預託金返還債務の引受けをしたという事実はないものとする。

　Xは，Aに対し，預託金返還請求の訴えを提起したところ，Aが不出頭のため，X勝訴の欠席判決がなされた。しかし，Xがこの欠席判決に基づき，動産差押えの民事執行をしたところ，執行不能であった。

　そこでXは，本件ゴルフクラブの名称を継続して使用しているYが，商号続用者の責任である会社法22条1項の類推適用により，前記預託金の返還義務を負うと主張して，前記預託金および遅延損害金の支払を求め，Yに対し訴訟を提起した。

　【Case】においては，A，Yの商号が，それぞれ「ギャラック」，「ギャラクシー」と類似しているが，同一ではなく，商号それ自体の続用はない。ただ，ゴルフクラブ事業の名称は，事業譲渡の前後を通じ，「甲カントリークラブ」と同一である。このことに着目し，商号続用規制を類推適用することができるかが，本件で問われた。

(2)　**判決の要旨**　⑤前掲最判平成16年2月20日は，下記のとおり判示し，類推適用を肯定した。

　「預託金会員制のゴルフクラブが設けられているゴルフ場の営業においては，当該ゴルフクラブの名称は，そのゴルフクラブはもとより，ゴルフ場の施設やこれを経営する営業主体をも表示するものとして用いられることが少なくない。本件においても，前記の事実関係によれば，Aから営業を譲り受けたYは，本件クラブの名称を用いて本件ゴルフ場の経営をしているというのであり，同クラブの名称が同ゴルフ場の営業主体を表示するものとして用いられているとみることができる。このように，預託金会員制のゴルフクラブの名称がゴルフ場の営業主体を表示するものとして用いられている場合において，ゴルフ場の営業の譲渡がされ，譲渡人が用いていたゴルフクラブの名称を譲受人が継続して使用しているときには，譲受人が譲受後遅滞なく当該ゴルフクラブの会員によるゴルフ場施設の優先的利用を拒否したなどの特段の事情がない限り，会員において，同一の営業主体による営業が継続しているものと信じたり，営業主体の変更があったけれども譲受人により譲渡人の債務の引受けがされたと信じたりすることは，無理からぬものというべきである。したがって，譲受人は，上記特段の事情がない限り，商法26条1項（現会社法22条1項）の類推適用により，会員が譲渡人に交付した預託金の返還義務を負うものと解するのが相当である。」

(3)　**最高裁判決の価値判断**　経営不振に陥っている企業が，収益性の良い「事業」を有している場合，当該事業を事業譲渡等の手法により，「切り出し」，別の会社に移転し，元の会社を清算するといった手法が用いられることがあり，これを「第二会社方式」という。これにより，収益性がよい「事業」の存続を図ることができる。かかる第二会社スキームの実施に際しては，メインバンク等会社債権者の理解が不可欠である。かかる理解がない状況下における，かかる方式の実施は，とりもなおさず会社債権者に対する詐害行為といってよい。

　【Case】における事業譲渡スキームは，まさに預託債権者からの預託金返還請求権行使を避け，倒産を回避するためのものといってよく，会社債権者に対する詐害性は高いといってよい。そして，Xのような預託金債権者は，金額が些少とはいえないものの，銀行のような情報収集力・交渉力を有していないという意味で，やはり，一般消費者と同様，一定の保護に値する債権者であるといってよい。問題は，かかる預託金債権者の保護を，いかなる法理によって実現するかである。

　かような状況下において，⑤前掲最判平成16年2月20日は，「ギャラック」「ギャラクシー」の類似性をもって続用規制を類推するのではなく（もっとも，かかる主張は，なされていなかったようである），「甲カントリークラブ」という事業体の名称の続用をもって，商号続用規制の類推の基礎があると判断した。

　ブランド戦略は，企業にとって重要課題であるところ，会社法は，企業体のブランド保護として商号規制を用意している。ただ，ある種のビジネスにおいては，企業が，自身の商号と別の名称を事業体の事業名称とするブランディング戦略を採用し，企業体の商号よりも，企業が営む事業の名称の方が著名であるといった場合が存在する。【Case】のゴルフクラブ事業がまさにそれであるが，他にもホテルやスポーツクラブ等を挙げることができる。⑤前掲最判平成16年2月20日が，事業体の名称の続用に着目したのも，【Case】の事業が，かかる種類のビジネスであったことが理由であると解される。

(4)　**最高裁判決の射程距離**　　ただし，会社法22条1項の商号続用規制が類推適用される場合においては，免責の登記の利用はできず，譲受会社として，免責を受ける手段がほかに用意されていない。これらを総合すると，⑤前掲最判平成16年2月20日における商号続用規制の類推適用は，預託金債権の返還逃れという悪質さ，ゴルフクラブ事業における（商号でなく）事業体名称の周知性といった特殊事情があって可能なのであり，判決の射程については慎重な吟味が必要である。

〈類題〉
・商号続用規制が適用される場合と類推適用される場合との異同につき論ぜよ。
・商号続用規制が類推適用される場合につき述べた上で，かかる場合に適用されうる他の法理を挙げた上，それらと商号続用規制の類推適用とを対比しなさい。

〔松嶋　隆弘〕

# Ⅳ－7 株式買取請求権

株式買取請求権について論ぜよ。

〔論点〕
・株主の投下資本の回収方法を保障する理由。
・投下資本の回収を認められる株主。
・買取価格の決定方法。

## 1 株式買取請求とその意義

　株主は，一定の場合に自己の有する株式を公正な価格で買い取ることを株式会社に請求することができる。これを株式買取請求権という。

　株主が経営への不満等からその投下資本の全部を回収したいと考えた場合，持分会社の社員に退社に伴う持分の払戻しが認められているのとは異なり（会606～613条），会社財産維持の観点から，株主に対する持分の払戻しは認められない。株式を外部に売却しようにも，非公開株式であれば売却自体が困難であり，また，会社により不当な行為がなされ，適正な売却価格にならないこともある。そのため，会社法は一定の場合に株式買取請求権を認めることで株主の投下資本回収ニーズに対応している。

## 2 株式買取請求が認められる会社の行為および株主

　会社に対する株式買取請求権には，①会社が一定の重大な行為をするときの反対株主に認められる場合と，②単元未満株主に認められる場合（会192条以下）がある。

　①の行為には，ⓐ事業譲渡（会469条），ⓑ組織再編（合併・会社分割・株式交換・株式移転）（会785条・797条・806条），ⓒ株式併合（会182条の4），ⓓすべての株式に譲渡制限を付す場合または全部取得条項を付す場合（会116条1項1号・2号），ⓔ種類株主総会の決議なしに不利益変更ができる旨の定款規定に基づきその措置が取られる場合（会116条1項3号）がある。これらの行為を行うには原則として当事会社の株主総会決議による承認が必要であり，多数決に敗れた反対株主に公正な価格で株式を買い取ることによる退出の機会を与える必要が生じる。これに対し，②の場合は，単元未満株主であればいつでも買取請求をすることができる。

　①の場合に株式買取請求権を行使できる反対株主とは，当該行為にかかる株主総会

の決議で議決権を行使できる株主の場合，総会に先立って自分がその行為に反対する旨を会社に通知し，かつ，総会において議案に反対の議決権行使をした株主をいう（会116条2項1号イ）。当該行為に株主総会決議を要しない場合や，無議決権株主等，総会で議決権を行使できない場合にも原則として株式買取請求権を行使できる（会116条2項1号ロ，2号。例外として会797条但書・785条2項2号等）。

### 3　株式買取請求の手続

　株式会社が組織再編等の株式買取請求権を発生させる行為をしようとする場合，効力発生日の20日前までに株主に対しその旨を通知または公告しなければならない（会116条3項・4項）。反対株主は効力発生日の20日前から前日までの間に株式数等を示して株式買取請求権を行使する（会116条6項）。会社はこれを拒むことはできない。

　いったん株主が株式買取請求権を行使すると，その撤回には会社の承諾を要する（会116条7項）。株式買取請求にかかる株式が振替法上の振替株式である場合には買取口座を創設し，当該口座を振替先口座とする振替の申請をしなければならない（振替155条1項・3項）。振替株式でない場合にも株主名簿の書換請求ができないため，株式買取請求をした株主は自己の保有株式を自由に売却することはできない。

### 4　株式買取請求における買取価格の決定

　株式の買取価格は，原則として株主と会社との間の協議で決定する（会117条1項）。会社は，協議が調えば効力発生日から60日内に支払いをしなければならない。

　効力発生日から30日内に協議が整わなかった場合，株主・会社のどちらからでも裁判所に価格決定の申立てができる（会117条2項）。買取価格が決定していなくても，効力発生日に買取りの効力は発生する（会117条6項）が，株式買取請求をした株主は会社が公正な価格と認める額を支払った後も（会182条の5第5項），債権者として株主総会議事録閲覧謄写請求権を有する（会318条4項。最判令和3年7月5日民集75巻7号3392頁）。

　買取価格の決定につき，最高裁は特定の評価手法を強制せず（最決平成27年3月26日民集69巻2号365頁），実際は，将来のフリー・キャッシュ・フローを予測して企業価値を導くDCF法や株主へ将来支払われる配当の額から導く配当還元方式など，複数の評価方式を併用することが多い（福岡高決平成21年5月15日金判1320号20頁等）。

〈類題〉

・会社の構成員がその投下資本を回収する方法について，会社類型ごとに論ぜよ。

〔長谷川　乃理〕

# Ⅳ-8　不公正な合併比率

> 合併比率の不公正に対する合併差止め・無効について論ぜよ。

〔論点〕
- ・不公正な合併比率で合併を実施することの問題点は何か。
- ・不公正な合併比率は当該合併の差止事由となるか。
- ・不公正な合併比率は当該合併の無効原因となるか。

## 1　合併比率の不公正とは？

　A社がB社を吸収合併する場合，例えばB社株2株につきA社株1株が割り当てられるとの条件で合併がなされるとなると，いわゆる合併比率は2対1となる。この時，A社の企業規模がB社の2倍あり，両社の株式の時価も企業規模に応じて評価されているのならば（例えばA社株の時価が1株100円でB社株の時価が1株50円とする），B社株2株（100円相当）に対してA社株1株を対価として交付することは問題ない。しかしながら，A社とB社の企業規模が同等であり，両社の1株当たりの時価も同額と評価されているような場合にあっても，上述したような条件で合併を実施することに問題ないか。すなわち，いずれも時価が100円とされているにも関わらず，B社の株主にはそれより廉価の対価が交付される（経済的利益を害される）ケースにB社株主は何らかの手を打つことができるか。合併比率が不公正な場合に，不利益を被る（被り得る）合併の当事会社の株主が当該合併について差止めやその無効を求めることはできるか。

## 2　合併比率の無効と差止事由

　合併が法令または定款に違反しているのならば，それは合併の差止事由となる（会784条の2第1号・796条の2第1号）。ところが合併等の組織再編行為一般についてみる限り，合併比率が不公正（合併対価の不公正）であることは明文では差止事由とはされていない。そのため，基本的には3で述べるように，合併比率の不公正を主張する株主であっても，株式買取請求権の行使や，場合によっては当該合併を主導した取締役に対して損害賠償することにより，経済的な保障を事後的に受けるしかとり得る手段はない。このように，合併対価の不公正を理由として当該合併の差止めを求め

ることは少なくとも現行会社法の規定の上では難しい。しかし，合併当事会社が支配
従属関係にあるなど，不公正な合併比率によって少数株主に不利な条件を押しつける
ような場合などは，むしろ手続そのものを差し止める必要性もあろう。この点につい
ては，現行会社法の解釈により様々な方法が提案されているが，有力説は，合併比率
が不公正な合併について株主総会決議を経て承認することは，特別利害関係人による
著しく不当な決議に当たるとして（会831条1項3号），当該決議の取消事由を認めて，
それ自体を差止事由と解している。なお，略式合併の場合には，株主総会決議を経ず
に少数株主が不相当な対価を交付され得ることから，合併対価が消滅会社・存続会社
の財産の状況その他の事情に照らして著しく不当であるときも差止事由とされている
（会784条の2第2号・796条の2第1号）。

### 3　合併比率の不公正と合併の無効

　そもそも合併を実施するに当たっては，合併比率は株主に開示され（会792条・794
条），合併契約については株主総会の特別決議が要求され（会783条1項・795条1項・
309条2項112号），反対株主には株式買取請求権が賦与されている（会785条・797条）。
これらを踏まえて，不公正な合併比率であっても，合併の無効原因には該当しないと
一般的には解されている（東京高判平成2年1月31日資料版商事法務77号193頁参照）。
また，合併手続そのものとは別に，不公正な合併比率で当該合併を主導した取締役に
対しては，損害賠償責任を追及することも一応は可能である（会423条・420条，民
709条）。もっとも，支配従属関係等の状況を考えると，不公正な合併比率による合併
を実行することで少数株主に不利益を与えることもあり得るので，このような場合に
は，不公正な合併比率を定める合併契約の承認に係る株主総会決議につき，特別利害
関係人による著しく不当な決議（会831条1項3号）がなされたことによる決議取消
事由が存するとして，これを合併の無効原因と解する見解が現在の多数説である。こ
のような理解に立てば，不当な合併比率について，裁判所の判断を仰ぐことができる。

　他方で，当事会社が対等な関係に立って交渉した結果として合併比率が定められた
場合にも上記の理解が当てはまるか。このような場合は，合併の効力に対して裁判所
が事後的に介入するよりも，合併対価に不満のある株主は株式買取請求権の行使によ
り経済的な保障を受ければ足りよう。会社側としても，合併対価に不満のある多くの
株主に反対される見込みが分かっていれば（会社は会785条2項1号イ前段または797
条2項1号イ前段により反対通知をした株主の割合を一応は知ることができる），こ
のような合併を思いとどまることができるし，不公正な合併比率により損害を被った
株主は合併を主導した取締役らの責任追及も可能であることからすると，株式買取請
求権や損害賠償責任による規律付けも一定程度期待できる。ただし，以上の理解は正
しい情報に基づいた株主総会決議が行われたことが前提となっているので，合併決議

について不実の情報が開示されていた場合などは当該合併について直截に無効原因を認めるべきであろう。

　なお，略式合併の場合は，2で述べた差止事由を踏まえても，不公正な合併比率は無効原因に該当すると思われる。

〈類題〉

・支配従属関係のある会社間の合併において，支配している会社がその従属している会社の少数株主を締め出す目的で合併対価について虚偽の情報を開示した場合，少数株主はいかなる方策をとることができるか。当該合併について株主総会決議がなされる前後で場合分けをして論ぜよ。

〔宮﨑　裕介〕

◆組織再編

# Ⅳ-9　労働者保護

> 会社分割における労働者保護について論ぜよ。

〔論点〕

・会社分割によって労働契約が承継された場合の労働者の同意の要否。

・労働契約承継が無効となった場合の会社分割の有効性。

## 1　問題の所在

　使用者は，労働者の承諾を得なければ，その権利を第三者に譲渡することはできないが（民625条1項），会社分割においては，分割契約または分割計画に記載されれば，労働者の個別の同意なしで労働契約が承継会社または新設会社に承継される（会759条1項・764条1項）。使用者がいずれの会社になるかは労働者にとって重要な利益となり，また，労働者の利益を害することを目的とした濫用的な会社分割等から労働者を保護することも必要となるため，これらの使用者と労働者の利害調整が問題となる。

## 2　会社分割における労働者保護と問題点

　会社分割による労働契約の承継は，労働者の利害に大きく関わるため，「会社分割に伴う労働契約の承継等に関する法律（承継法）」は分割会社に労働者の理解と協力を得るように努める措置（承継法7条）を規定し（7条措置），また，商法は附則（平成12年商改正附）において労働者との協議（5条協議）を求めている（附則5条1項）（商事法講義(1)320頁）。具体的には，個々の労働者に対し，分割後に労働者が属することになる会社の概要，分割効力発生日以降における分割会社・承継会社等の債務履行の見込みに関する事項等を十分説明し，労働者本人の希望を聴取した上で，労働契約の承継の有無，承継の有無に関わらず分割後の労働者が従事する予定の業務内容，就業場所等の就業形態等について協議しなければならない（平成12年労働省告示第127号）。しかし，この5条協議は，協議の成立（労働者希望の受入れ等）までは要求せず，会社が5条協議義務違反に問われるのは，5条協議を全く行わなかったか実質的にこれと同視できるときとなる（江頭939頁）。また，一部の労働者との5条協議を実施しなかったとしても，会社分割を無効とするまでの要因とはならず，労働者自身にも会社分割無効の提訴権がないと解される（江頭964頁）。

## 3　裁判所判断にみられる7条措置・5条協議の有効性

　新設分割により新設会社へ労働契約を譲渡した分割会社が，労働組合の支部を代理人として5条協議を実施した際，労働者が会社分割の効力発生後に分割会社の労働者の地位の確認を求め，その事由に分割会社による5条協議義務の不履行を訴えた事案では（最判平成22年7月12日判時2096号145頁），最高裁は，5条協議が労働者の保護を図ろうとする趣旨があることを認め，「5条協議が全く行われなかったときには，…労働契約承継の効力を争うことができるものと解するのが相当である」とし，「分割会社は，7条措置として，会社の分割に当たり，その雇用する労働者の理解と協力を得るよう努めるものとされているが（承継法7条），これは分割会社に対して努力義務を課したものと解され，これに違反したこと自体は労働契約承継の効力を左右する事由になるものではない」と判示している。そのうえで，個別事案における7条協議の形態や方法を審理し，7条措置および5条協議のいずれも不十分であったとはいえないと結論づけ，労働者の訴えを棄却している。

## 4　裁判所判断の評価

　会社分割において，他の株式会社の組織再編における事案より特に労働者の保護が図られるが，その労使の争いにおいて，裁判所は，分割自体を無効とし労働契約の承継を認めない場合と，会社分割の無効によらず分割会社と労働者との間の労働契約承継の効力を判断する場合が想定される。本事案の下級審では，原々審（横浜地判平成19年5月29日判タ1272号224頁）は7条協議義務違反等が会社分割の無効原因になり得るとの判断を示したが，結論では原審（東京高判平成20年6月26日判時2026号150頁）および最高裁判断と同様に分割会社との関係で労働契約の承継の効力が生じないことを地位確認訴訟において争うことを認めている（会社法コンメ(17)332頁〔神作裕之〕）。労働者保護の法の趣旨を考慮すると，会社分割の無効までは必要なく，残留もしくは承継といった選択権を労働者に与え個別の解決を図る処置が妥当と考えられる（江頭939頁）。7条措置や5条協議の履行が分割会社の努力目標とはいえ，その手続に瑕疵や違法性が明らかに存在する場合，労働契約承継の効力を争うことにより労働者の不利益を解消させる余地があることは労働者保護のために重要である。

### 〈類題〉

・会社分割において分割会社が労働者に対して実施しなければならない対応にどのようなものがあるかについて論ぜよ。
・会社分割において分割会社が法令上求められる労働者との協議を怠ったとき，労働者は会社分割無効を提訴することができるかについて論ぜよ。

〔坂東　洋行〕

◆組織再編

# Ⅳ－10　濫用的会社分割

> いわゆる濫用的会社分割について論ぜよ。

〔論点〕

・濫用的会社分割とはどのようなものか。

・濫用的会社分割がなされた場合の債権者保護はいかにして図られるか。

・濫用的会社分割に対する会社法上の残存債権者の保護はいかに図られているか。

## 1　濫用的会社分割とはなにか？

　会社分割は，会社（分割会社）がその事業に関して有する権利義務の一部または全部を承継会社・設立会社に移転する行為だが，それは分割会社に帰属していた債務を承継会社・設立会社に振り分けることを意味する。例えば，A社（分割会社）が会社分割により，ある事業の全部をB社（承継会社）に承継させた場合には，A社の債権者にとってはA社の財産状態が変化することにより，その債権の回収に影響がでることが考えられる。ここで説明する濫用的会社分割とは，一般的には，分割会社が負っている債務について，その債権者が不利益を被る形で会社分割を行うことを指す（「詐害的会社分割」とも言う）。会社分割は，本来は，特定の事業の買収や企業グループを再編するために用いられ，多くは経営の効率化が目的とされるが（会社分割のルールも迅速に行えるように設計されている），経営不振に陥った分割会社が債務を免脱する目的で優良事業部門に関連する資産等を別会社に承継させるなどして，分割会社の債権者（残存債権者）の利益を害する形で行われることもある。会社法は，会社分割に際しての債権者保護として，一定の債権者に対する債権者保護手続を規定しており，会社分割によって利益が害される債権者は当該会社分割に対して異議申述をすることができる。ただし，債権者保護の対象とならない債権者が不利益を被る（被り得る）場合にどうすべきか。濫用的な会社分割がなされた場合の残存債権者保護のあり方が問題となる

## 2　濫用的会社分割と債権者保護

　不採算となっている会社が，その優良事業を承継会社・設立会社に移転してしまった場合，分割会社には目立った資産等が残らないため，残存債権者はその債権の引当

財産を失うことになる。このとき，残存債権者は，分割会社に対し債務の履行を請求できる限りは，人的分割の場合を除き債権者保護手続の対象とはされていない（会799条1項2号・810条1項2号）。なぜならば，会社分割においては，承継会社・設立会社に承継された権利義務の対価として，純資産額と等価の承継会社・設立会社の株式や社債等が交付される限りは，分割会社の資産は計算上では変わらず，分割会社の残存債権者に影響を与えないと理解されているからである。もっとも，分割会社に交付される対価が不相当（廉価）であり，かつ分割会社のめぼしい財産の殆どが承継会社・設立会社に移転されてしまうことから異議申述権を行使することができない残存債権者を害するケースが散見されるようになった。

判例は，上記のようなケースにおいて，「新設分割は，一又は二以上の株式会社又は合同会社がその事業に関して有する権利義務の全部又は一部を分割により設立する会社に承継させることであるから（会社法2条30号），財産権を目的とする法律行為としての性質を有するものであるということができるが，他方で，新たな会社の設立をその内容に含む会社の組織に関する行為でもある。財産権を目的とする法律行為としての性質を有する以上，会社の組織に関する行為であることを理由として直ちに新設分割が詐害行為取消権行使の対象にならないと解することはできないが〔大判大正7年10月28日民録24輯2195頁参照〕，このような新設分割の性質からすれば，当然に新設分割が詐害行為取消権行使の対象になると解することもできず，新設分割について詐害行為取消権を行使してこれを取り消すことができるか否かについては，新設分割に関する会社法その他の法令における諸規定の内容を更に検討して判断することを要する」との理解を示し，詐害行為取消権（民424条）の対象となり得るとした（最判平成24年10月12日民集66巻10号331頁）。また，同判決の須藤正彦裁判官の補足意見は，「〔会社分割における〕対価が相当であるとしても，A〔分割会社〕の純資産（株式価値）は変動しないが，本件残存債権の責任財産は大幅に変動するなどの事態が生じ，かつ，本件残存債権の債権者と本件承継債権の債権者との間で著しい不平等が生ずる」として，債権者保護の観点から詐害性を認められるとの理解が示されている。

このような判例の理解に対しては，会社分割は会社の組織に関する行為であることから，財産権を目的しない行為に該当するとして（民424条2項），詐害行為取消権の対象としないという解釈も有力に主張されていたが，上記判例はひとまず会社分割の法的性質には踏み込まずに判断をした。判例の理解によれば，濫用的な会社分割（判例の事案は新設分割）が行われた場合，会社法上の債権者保護の対象とされないため詐害行為取消権による保護が必要とされるのであれば，残存債権者は当該会社分割に対して詐害行為取消権を行使できると思われる。

なお，詐害行為取消権のほかに，濫用的な会社分割に対して残存債権者がとり得る

手段としては，①破産法上の破産管財人による否認権行使の対象とする（破産法160条。福岡地判平成21年11月27日金法1911号84頁等），②法人格否認の法理により承継会社・設立会社が残存債権者に対して直接に債務の弁済責任を追わせる（東京地判平成24年7月23日金判1414号45頁等），③信義則（民1条2項）を主張して会社分割の効力を争う（最判平成29年12月19日民集71巻10号2592頁），などが考えられる。

## 3　残存債権者の直接請求権

　2で述べた濫用的会社分割がなされた場合の残存債権者保護の方策は，いずれも一般法理による解決を図るものである。平成26年会社法改正では，会社法上も規定を設けるべきとの立法論を受けて，残存債権者を「害することを知って」会社分割が行われた場合，当該残存債権者は承継会社・設立会社に承継された財産の価額を限度として設立会社または承継会社に対して直接的にその債務の履行を請求することが認められた（会759条4項・764条4項）。この直接請求権は，裁判外でも行使することができる。現行法上は，濫用的会社分割がなされた場合の残存債権者の直接請求権が設けられたが，端的に残存債権者を保護する直接請求権と，2で述べた判例に依拠して残存債権者が詐害行為取消権を行使することは制度として矛盾しないと思われる（坂本三郎編著『一問一答　平成26年改正会社法〔第2版〕』〔商事法務，2015年〕356頁参照）。なお，直接請求権は，破産法の否認権行使との関係では，破産管財人による受継はないため，なお，詐害行為取消権の行使を認める必要がある。

〈類題〉

・不採算となっているA株式会社が，親会社グループの意向に沿って優良事業のみを新たに設立されたB株式会社に移転して事実上債務超過となった場合，A株式会社の債権者はどのような手段をとることができるか。

〔宮﨑　裕介〕

# IV-11 キャッシュ・アウト

---

1　(1)Ｙ株式会社の株式の70%を保有する大株主Ａ会社が，株式の併合により，Ａ社を完全親会社とし，Ｙ社をＡの完全子会社とするという目的を達成しようとする場合，どのような手続が必要かについて論ぜよ。

　(2)Ｙ社にとどまりたい少数株主Ｘには，どのような対抗策・救済方法があるか。

2　株主Ａ社が，公開買付けによってＹ社の総株主の議決権の90％以上の議決権を取得した場合はどうか。

---

〔論点〕

・キャッシュ・アウトの具体的な方法。
・締め出される少数株主の対抗策・救済方法。
・キャッシュ・アウトと正当な事業目的。
・特別支配株主の株式等売渡請求。

---

## 1　問題の所在

　本問では，Ａ社がＹ社を完全子会社としようとする場合，会社法上，どのようなキャッシュ・アウトの方法が許容されているか，他方で，Ｙ社の事業に継続的に投資をすることを望む意思に反してＹ社から締め出される株主Ｘの利益を保護するために，どのような仕組みが整備されているかが問題となる。

　キャッシュ・アウトの方法としては，会社法上，対象会社の株主総会の特別決議による承認を得て行う，全部取得条項付種類株式の取得（会108条1項7号・171条），株式の併合（会180条），金銭を対価とする承継型組織再編（略式以外のもの，会749条1項2号・758条4号・768条1項2号。例えば，吸収合併の対価として消滅会社の株主に金銭のみが交付される，いわゆる交付金合併。）がある。また，対象会社の株主総会の決議を経ずに行う方法としては，対象会社の総株主の議決権の10分の9以上の議決権を有する者（特別支配株主）による株式等売渡請求（会179条）がある。

## 2　株式の併合によるキャッシュ・アウトの方法

(1)　**株式の併合を用いる場合**　　Ａ社以外のＹ社株主の保有する株式30%を1株とす

る株式の併合を行えば，A社以外の株主の保有する株式は，すべて1株未満の端数になり，端数処理の手続（会235条・234条2項～5項）を行い，Y社が端数の合計数に相当する株式を裁判所の許可を得て売却する。売却株式の全部をA社が購入し，Y社は売却代金をXら従前の一般株主に交付することによって，キャッシュ・アウトを実現することができる。株式買取請求権を行使した株主は，会社との間で株式買取価格について協議を行い，協議で決定した買取価格で買い取りが行われる（会182条の5第1項）。買取価格が合意に至らなかった場合には，裁判所に対して，株式買取価格決定申立を行うことができる（同条2項）。

　Y社が株式の併合を行うためには，株主総会の特別決議により，併合の割合や効力発生日等を定める必要がある（会180条2項・309条2項4号）。

## ⑵　締め出される株主Xの対抗策・救済方法

　①株式会社が株式の併合をすることにより株式の数に満たない端数が生ずる場合には，反対株主は，当該株式会社に対し，自己の有する株式のうち1株に満たない端数となるものの全部を公正な価格で買い取ることを請求することができる（会182条の4第1項）。本問では，反対株主Xは，株式の併合について決議する株主総会に先立って当該株式の併合に反対する旨をY社に通知し，かつ，当該株主総会において当該株式の併合に反対した，または，当該株主総会において議決権を行使することができない株主でなければならない（同条2項）。そのうえで，株式の併合の効力発生日の20日前の日から効力発生日の前日までの間に，Y社に対し，株式買取請求に係る株式の数を明らかにして，自己の有する株式の買取を請求することができる（同条4項）。

　キャッシュ・アウトにおける株式価格の算定については，本書Ⅳ－12株式価格の算定を参照されたい。

　②株式の併合について，その効力を争う特別の訴えの制度は存在せず，株式の併合に重大な法令違反がある場合には，無効になると解される（伊藤ほか397頁）。

　当該行為に必要な株主総会決議または種類株主総会決議に瑕疵がある場合には，訴えにより決議の効力が争われることとなる。株主総会決議の取消事由の1つとして，特別の利害関係を有する株主が議決権を行使したことによって，著しく不当な決議がなされたときが規定されている（会831条1項3号）。本問では，A社は，Y社の総株主の議決権の70％を有する支配株主であり，株式の併合に関する特別決議の成立により他の株主を締め出してY社を完全子会社とするものであるから，「特別利害関係を有する」株主に該当しうる。

　不当性の要件について，東京地判平成22年9月6日判タ1334号117頁は，「単に会社側に少数株主を排除する目的があるというだけでは足りず，同要件を満たすためには，

少なくとも，少数株主に交付される予定の金員が，対象会社の株式の公正な価格に比して著しく低廉であることを必要とすると解すべきである」と判示している。なお，決議取消しの訴えは，決議が取り消されることにより株主の地位を回復する者（締め出された株主等）も提起できることが明文化されている（会831条１項）。

学説上は，締め出し目的以外に正当な事業目的を持たないキャッシュ・アウトについては，決議取消事由となるとする見解がある（池永朝昭ほか「MBO（マネージメント・バイアウト）における株主権」金判1282号〔2002年〕４頁）。あるいは，上場会社等の公開会社については，上記裁判例のとおりでよいとしても，株主が持分比率の維持に関心を持っており，株主間に経営参加に関する明示または黙示の約束があることも少なくない非公開会社においては，締め出し目的のキャッシュ・アウトは，その目的の不当性のゆえに無効と解する余地を認めるべきだとする有力な見解もある（江頭162頁注36）。

③取得の効力を否定するほか，株式の併合が法令または定款に違反する場合において，株主が不利益を受けるおそれがあるときは，株主は，会社に対し，株式併合の差止めを請求することができる（会182条の３）。

株式併合の差止めは，当該株式併合に関する公告からその効力発生日までの期間が最短で20日しか存在しないため（会181条１項・182条の４第３項），実際の紛争では，株主は，本件株式併合の差止仮処分命令の申立てをする必要があるが，何を本案とするかについては見解が分かれている（全部取得条項付種類株式の取得の差止めに関する会社法コンメ（補）152頁〔山下友信〕参照）。

## ３　特別支配株主の株式等売渡請求

⑴　A社が公開買付けの方法等でY社の総株主の議決権の90％以上の株式取得に成功した場合，A社は特別支配株主であって，Y社の他の株主（売渡株主）Xら全員に対し，その保有株式（売渡株式）の売渡しを請求することができる（会社179条１項）。特別支配株主は，株式売渡請求に併せて，対象会社の新株予約権者の全員に対し，その有する新株予約権（売渡新株予約権）の売渡しを請求することができる（会179条２項）。特別支配株主が株式等売渡請求をするには，売渡株主に株式の対価として交付する金銭の額またはその算定方法や売渡株式を取得する日（取得日）などの一定の事項を定めて対象会社に通知し，対象会社の承認を受けなければならず（会179条の２第１項・179条の３第１項・４項），取締役会設置会社にあっては取締役会決議が必要である（同条３項）。対象会社は，売渡株主等に対して，取得日の20日前までに，売渡請求に関する所定の事項の通知・公告をしなければならず（会179条の４第１項・２項，会規33条の７），事前と事後に開示書類を備え置き，閲覧謄写に供さなければならない（会179条の５・179条の10）。

⑵　**締め出される株主Xの対抗策，救済方法**　①株式等売渡請求があった場合に，特別支配株主と対象会社との間で決定された対価に不満を持つ売渡株主は，取得日の20日前から取得日の前日までの間に，裁判所に対し，売買価格の決定の申立てをすることができる（会179条の8第1項・868条3項・870条2項5号）。

②売渡株主は特別支配株主に対し，売渡株式の取得の差止めを請求することができる（会社179条の7）。差止めの要件は，株式売渡請求が法令に違反する場合，対象会社による売渡株主に対する事前の通知・公告または事前情報開示に関する手続の違反がある場合，売渡株式の対価として交付される金銭の額（算定方法）または割当てが対象会社の財産の状況その他の事情に照らして著しく不当である場合において，売渡株主が不利益を受けるおそれがあるときである。

③特別支配株主による売渡株式等の全部の取得が違法に行われた場合には，その無効が問題となるが，法的安定性を図る目的で，売渡株式等の取得の無効の訴えによらなければ無効の主張ができないものとされている（会社846条の2第1項）。

〈類題〉

・全部取得条項付種類株式の取得を用いた場合に，対象会社の株主総会において，どのような手続が必要か。これによって締め出されるY社の少数派株主は，どのように争うことができるかについて論ぜよ。

〔小野寺　千世〕

# Ⅳ－12　株式価格の算定

いわゆるキャッシュ・アウトにおける株式価格の算定について論ぜよ。

〔論点〕

・いわゆるキャッシュアウトの意義，機能。

・いわゆるキャッシュアウトを実現するための法的手段。

・レックス基準。

・ジュピター基準。

## 1　総　　説

### (1)　会社法の下におけるキャッシュ・アウト

一部の株主（少数株主，一般株主）に対して現金などの対価を渡すことで，その者から株主たる地位を奪うことを「締め出し」（キャッシュ・アウト）という。締め出しは，非公開化（ゴーイング・プライベート）の一環として行われることが多い。すなわち，非公開化は，第1段階として公開買付けが行われた後，第2段階で残株主を排除するところ，この第2段階が「締め出し」として認識される。第2段階の方策としては，株式併合（会180条），全部取得条項付種類株式（会171条）への変更および取得等いくつかの手段がありうるところ，実務では，後者がよく用いられる。この他，平成26年改正において，特別支配株主による株式等売渡請求（会179条以下）が新設された。

### (2)　締め出される株主に対する経済的救済

本来，全部取得条項付種類株式は，倒産法における100％減資に会社法上の根拠を与えるべく設けられたものであるが，創設にあたり，債務超過といった要件が付されなかったところから，キャッシュ・アウトの実務が発生し普及するに至った。キャッシュ・アウトに対しては，会社法制定直後から，少数株主排除のために多用されることが懸念されていたが，非公開化実務の進展・定着に伴い，「締め出しそのもの」を否定するのではなく，締め出しを所与の前提として，締め出される株主に対する経済的救済をどのように図るかという形に議論がシフトしていった。

## 2　レックス基準とジュピター基準

### (1)　レックス基準

　締め出される株主に対する経済的救済とは，つまるところ金銭に帰着する。したがって，救済策とは，キャッシュ・アウトの場面における株価の算定をどうするかという問題を意味する。

　最高裁が，価格決定の判断枠組みにつき，初めて言及したのは，最決平成21年5月29日金判1326号35頁においてであり，一般にレックス基準といわれる。

　前掲最決平成21年5月29日は，原審の判断を是認し，抗告を棄却した短い決定であるので，原々審（東京地決平成19年12月19日金判1283号22頁），原審（東京高決平成20年9月12日金判1301号28頁）をみる必要がある。原々審，原審とも，取得価格は，①取得日における株式の客観的価格に加え②強制的取得によって失われる今後の株価上昇に対する期待権を評価した価額とする。ただ，前者は，①＋②の合計が公開買付価格である23万円を下回っているため，取得価額を23万円と判断しているが，後者は，取得価額を33万6,966円としている。これは，①を28万805円（本件公開買付けの公表日の直前日からさかのぼって6カ月間の市場株価を単純平均），②をこれに20パーセント加算した額としたものである。

　前掲最決平成21年5月29日に付された田原睦夫裁判官の補足意見は，全部取得条項付種類株式の価格決定の申立てにおける取得価格が，株式買取請求権におけるのと同様，「公正な価格」を意味し，それは裁判所の合理的裁量により決定されると捉え，「取得価格決定の制度が，経営者による企業買取（MBO）に伴いその保有株式を強制的に取得されることになる反対株主等の有する経済的価値を補償するものであることにかんがみれば，取得価格は，①MBOが行われなかったならば株主が享受し得る価値と，②MBOの実施によって増大が期待される価値のうち株主が享受してしかるべき部分とを，合算して算定すべきものと解することが相当である。」と述べる。これは，原審の判断を是認した上，理論的に補強するものである（原審と①②，田原補足意見の①②は，ほぼ対応するものといえる）。

　キャッシュ・アウトにおいて問題とされているのは，第2段階の価格決定申立てにおける価格（会172条）である。価格決定自体非訟事件手続であり，裁判所の裁量により決定されるものであるが，キャッシュ・アウト手続では，すでに第1段階の公開買付けにおいて，市場価格「等」を考慮しつつ，「公開買付価格」が決定されている。もしもこの公開買付価格と異なる価格となる可能性（特に公開買付価格より高い価格）があれば，株主にとって投機の可能性が生じることとなる。

### (2)　ジュピター基準

　かような折に登場した最決平成28年7月1日民集70巻6号1445頁は，レックス基準

に依拠した原審判断を斥け，下記のとおり述べ，第１段階における公開買付価格と同額であると結論付けた。これをジュピター基準と呼ぶ。

「多数株主が株式会社の株式等の公開買付けを行い，その後に当該株式会社の株式を全部取得条項付種類株式とし，当該株式会社が同株式の全部を取得する取引において，独立した第三者委員会や専門家の意見を聴くなど多数株主等と少数株主との間の利益相反関係の存在により意思決定過程が恣意的になることを排除するための措置が講じられ，公開買付けに応募しなかった株主の保有する上記株式も公開買付けに係る買付け等の価格と同額で取得する旨が明示されているなど一般に公正と認められる手続により上記公開買付けが行われ，その後に当該株式会社が上記買付け等の価格と同額で全部取得条項付種類株式を取得した場合には，上記取引の基礎となった事情に予期しない変動が生じたと認めるに足りる特段の事情がない限り，裁判所は，上記株式の取得価格を上記公開買付けにおける買付け等の価格と同額とするのが相当である。」

株式買取請求権における取得価格の決定に関し，最決平成24年２月29日民集66巻３号1784頁は，相互に特別の資本関係がない会社間において，株主の判断の基礎となる情報が適切に開示された上で適法に株主総会で承認されるなど一般に公正と認められる手続により株式移転の効力が発生した場合において，市場価格を用いることを認めた（テクモ基準）。

前掲最決平成28年７月１日は，公開買付価格と市場価格との違いはあるものの前掲最決平成24年２月29日の判断枠組み（テクモ基準）をキャッシュ・アウトの場面でも用いようとするものである。公開買付価格算定の際に，市場価格は当然に参照されており，裁判所の市場価格重視の立場は，一段と明確になったといえる。いずれにせよ，今後は，「一般に公正と認められる手続」といえるか否かが，価格決定の際の決め手となっていくこととなろう。

レックス基準による場合，取得価格が公開買付価格より上回る可能性が生じ，これが株主による投機的な価格決定申立てを誘引する可能性があることが指摘されていた。かような折，前掲最決平成28年７月１日が登場し，公開買付けが一般に公正と認められる手続により行われた場合，公開買付価格を取得価格としうることが明らかにされた。ジュピター基準によることは，司法の資源節約につながり望ましい一方，キャッシュ・アウトに内在する利益相反性を完全に払拭できるかについて，疑念が残りうるとの指摘もなされている。また，ジュピター基準は，公開買付けを伴わないキャッシュ・アウトには，利用することができず，妥当範囲におのずから制約もありうる。その意味では，レックス基準を捨て去るわけにはいかない。

〈類題〉

・いわゆるキャッシュ・アウトにおけるレックス基準とジュピター基準について述べ

　なさい。

・いわゆるキャッシュ・アウトにおける株式価格の算定と株式買取請求権における株
　式価格の算定の異同について述べなさい。

〔松嶋　隆弘〕

## Ⅳ-13　株式交換・株式移転

> 株式交換，株式移転の異同について論ぜよ。

〔論点〕
・株式交換，株式移転の意義。
・株式交換，株式移転の手続の異同。
・株式交換，株式移転の効力および効力発生時期の異同。

### 1　株式交換，株式移転の意義

　株式交換とは，株式会社がその発行済株式の全部を他の株式会社または合同会社に取得させることをいい（会2条31号），株式移転とは，1または2以上の株式会社がその発行済株式の全部を新たに設立する株式会社に取得させることをいう（同条32号）。これらは既存の株式会社を完全子会社とする完全親子会社関係を創設する組織法上の行為である。株式交換，株式移転は，完全子会社となる会社の株主が完全親会社となる会社に対して現物出資（会199条1項3号）をしたのと同様であるところ，検査役の調査（会33条・207条）を回避するため，組織法上の行為として構成された（商事法講義(1)300頁）。完全親会社となる会社は，完全子会社となる会社の権利義務を承継するのではなく，その株式を取得するに過ぎず，既存の会社が消滅しない点が，合併と異なる。

### 2　株式交換，株式移転の手続

　株式交換，株式移転（以下，株式交換等）をするには，株式交換契約，株式移転計画において株式交換等の内容を決定し（会768条1項・773条1項），各当事会社は，備置開始日から効力発生日後6カ月を経過する日までの間，株式交換等の内容等を記載し，または記録した書面または電磁的記録を本店に備え置かなければならない（会782条1項・794条1項・803条1項）。

　株式交換等により，完全子会社となる会社の株主は当該会社の株主の地位を喪失し，完全親会社から資産が流出することもあることから，株式交換契約，株式移転計画につき各当事会社の株主総会の特別決議による承認を得なければならない（会783条1項，795条1項，804条1項，309条2項11号）。ただし，簡易株式交換（会796条2項），

略式株式交換（会784条1項・796条1項）の場合はこの限りでない。

株式交換等に反対する株主には，株式買取請求権が認められ（会785条・797条・806条），完全子会社となる会社の新株予約権については，一定の場合に買取請求が認められている（会787条1項3号・808条1項3号）。

他方，株式交換等は，完全親会社となる会社が完全子会社となる会社の株式を取得するに過ぎない。そのため，完全子会社となる会社の債権者については，基本的にその地位に変動はなく，完全親会社となる会社についても，対価が株式である限り，財産状態が悪化することはないと考えられることから，債権者異議手続が要求される場合は限定されている。

株式交換等により完全子会社となる会社が発行した新株予約権の新株予約権者に対し当該新株予約権に代えて完全親会社の新株予約権を交付する場合の当該もとの新株予約権（株式交換契約新株予約権・株式移転計画新株予約権）が新株予約権付社債に付されたものであるときには，当該社債権者は債権者異議手続の対象となる（会789条1項3号・810条1項3号）。これに対し，株式交換において完全親会社が完全子会社の株主に対し交付する対価が完全親会社の株式その他これに類似するもの以外の場合には，完全親会社において債権者異議手続が必要となる（会社799条1項3号）。

## 3　株式交換，株式移転の効力の発生と事後開示

株式交換の効力は，株式交換契約に定めた効力発生日に生じ，完全親会社は，効力発生日に完全子会社の発行済株式の全部を取得する（会社769条1項・2項・771条1項・2項）。完全子会社の株主・株式交換新株予約権の新株予約権者は，効力発生日に，株式交換契約の定めに従い完全親会社の株主または新株予約権者等になる（会769条3項・4項・771条3項・4項）。

株式移転の効力は，株式移転により完全親会社となる会社（株式移転設立完全親会社）が設立の登記により設立される時（会49条）に生じ，株式移転設立完全親会社は，その成立の日に完全子会社の発行済株式の全部を取得し（会774条1項），完全子会社の株主は，同日に株式移転計画の定めに従い株式移転設立完全親会社の株主となる（同条2項）。

株式交換等の当事会社は，株式交換等の効力発生後，遅滞なく，株式交換等に関する一定の事項を記載し，または記録した書面または電磁的記録を作成し，株式交換等の効力が発生した日から6カ月間，本店に備え置かなければならない（会社791条・801条・811条・815条）。

〈類題〉

・株式交換，株式移転の手続の異同についてそれぞれ論ぜよ。

・株式交換，株式移転の債権者異議手続についてそれぞれ論ぜよ。　　　〔尾形　祥〕

## Ⅳ-14　株式交付

> 株式交付について論ぜよ。

〔論点〕
- ・株式交付の意義。
- ・株式交付の手続面での特徴。

### 1　株式交付の意義

　株式交付とは，株式会社が他の株式会社をその子会社とするために当該他の株式会社の株式を譲り受け，当該株式の譲渡人に対して当該株式の対価として当該株式会社の株式を交付することをいう（会2条32号の2）。この株式交付は，買収会社が自己の株式を対価として対象会社を買収しようとする行為をより円滑にするため，令和元年の会社法改正で新たに導入された制度である。

　令和元年改正以前も，買収会社が自己の株式を対価として買収をする方法に株式交換が用意されていたが，完全親子会社化する場合にしか利用することができなかった（会2条31号）。また，株式交換以外の方法として，買収会社が，対象会社の株主からその保有する株式に現物出資してもらい買収会社の株式を発行するという方法があったが，検査役による調査（会207条）や，現物出資者や取締役等の関係者に財産価額填補責任が発生する可能性があった（会212条1項2号・213条）。株式交付は，組織再編の手続規制を課す代わりに，現物出資規制なしに完全親子会社ではない親子会社関係を実現できるようにした制度である。

　会社法は，買収会社である株式交付によって親会社になる会社を株式交付親会社とし，子会社となる対象会社を株式交付子会社と定義している（会774条の3）。また，客観的な基準で株式交付の利用の可否を判断できるように，株式交付子会社は，会社法2条3号で定義される子会社と異なり，他の株式会社の議決権総数に対する議決権割合が過半数となる場合に限定されている（会規4条の2）。

### 2　株式交付の手続面での特徴

　株式交付親会社は，株式発行によらずに他社の株を受け入れて自己の株式を交付する点では株式交換に類似しているが，株式交付親会社は，株式交付子会社の中で株式

交付に応じた株主との間で，個別的に株式交付子会社の株式の譲受けと株式交付親会社の株式の交付を行う。そこで，株式交付の手続は，株式交換の手続に類似する株式交付親会社側の部分と，募集株式の発行等の手続に類似する株式交付子会社の株主との間の部分に分けて理解する必要がある（髙橋ほか512頁）。紙幅の都合上，特徴的な点だけ説明していく。

　株式交付を行うには，株式交付親会社が株式交付計画を作成し（会774条の2・774条の3），株式交付計画備置開始日（株主総会決議の承認が必要な場合には，会日の2週間前の日）から効力発生日後6カ月を経過する日まで，株式交付計画の内容その他一定事項を記載した書面等を本店に備え置かなければならない（会816条の2）。株式交付計画には，株式交付によって譲り受ける株式交付子会社の株式の数の下限や株式交付子会社の株主に交付する対価などを定めなければならない（会774条の3第1項）。この株式交付計画の内容は，取締役会設置会社であれば，重要な業務執行の決定として取締役会決議に諮らなければならないのが原則である（会362条4項）。また，株式交付計画は，原則として，株式交付親会社の株主総会で特別決議による承認を受けなければならない（会816条の3など）。特徴的なのは，株式交付子会社は，株式交付の当事者ではないので，株主総会の承認等の組織再編の手続が課されない点であろう。

　株式交付親会社は，株式交付に応じる株式交付子会社の株主に対して，株式交付計画の内容等の一定事項を通知することが原則である（会774条の4第1項）。当該通知を受けた株式交付子会社の株主は，各自の判断で，自身が保有する株式交付子会社の株式について譲渡しの申込みを行う（同条第2項）。株主による譲渡しの申込みがあった株式数が，株式交付計画で定めた下限以上であった場合，株式交付親会社は，申込者から何株譲り受けるかを決定し，各申込者に譲受けの通知を行う（会774条の5）。申込者から何株譲り受けるかは，募集株式の発行等に類似し，株式交付親会社の自由裁量であるといわれている。株式交付親会社から譲受けの通知を受けた者は，株式交付子会社株式の譲渡人となり，その株式を株式交付親会社に給付する義務を負うこととなる（会774条の7）。

　株式交付の法的効力であるが，株式交付計画で定めた効力発生日に生じ，株式交付親会社は，給付を受けた株式交付子会社の株式を取得することとなる（会774条の11第1項）。株式交付親会社に株式を給付した者は，株式交付親会社の株主となる（同条2項）。もちろん，それ以外の株式交付子会社の株主は，株式交付後も，株式交付子会社の株主のままでいられる。

〈類題〉

・株式交付について，株式交換と比較して論ぜよ。

・株式交付の手続の特徴について論ぜよ。　　　　　　　　　　　　　　〔林　孝宗〕

〈編者・執筆者一覧〉

編者

松嶋　隆弘　　編者紹介参照

　担当：編者，Ⅱ－8，Ⅲ－7，Ⅲ－9，Ⅲ－23，Ⅳ－6，Ⅳ－12

大久保　拓也　　編者紹介参照

　担当：編者，Ⅱ－3，Ⅲ－2，Ⅲ－18，Ⅲ－19，Ⅲ－30，Ⅲ－34，Ⅲ－36


執筆者（50音順）

王　学士　　高岡法科大学法学部　専任講師

　担当：Ⅰ－4，Ⅱ－1，Ⅱ－2，Ⅲ－26

尾形　祥　　早稲田大学法学学術院　教授

　担当：Ⅲ－8，Ⅲ－16，Ⅲ－22，Ⅳ－13

小野寺　千世　　日本大学法学部　教授

　担当：Ⅰ－2，Ⅱ－9，Ⅲ－6，Ⅲ－29，Ⅳ－4，Ⅳ－11

金澤　大祐　　日本大学商学部　准教授・弁護士（堀口均法律事務所）

　担当：Ⅱ－16，Ⅲ－3，Ⅲ－5，Ⅲ－24，Ⅲ－25，Ⅳ－2

鬼頭　俊泰　　日本大学商学部　教授

　担当：Ⅱ－11，Ⅱ－14，Ⅱ－15，Ⅲ－21，Ⅲ－31，Ⅲ－32

品川　仁美　　帝京大学法学部　専任講師

　担当：Ⅰ－3，Ⅰ－5，Ⅰ－12，Ⅰ－27

長谷川　乃理　　名城大学法学部　准教授

　担当：Ⅲ－1，Ⅲ－10，Ⅳ－1，Ⅳ－7

林　孝宗　　中央学院大学商学部　専任講師

　担当：Ⅱ－4，Ⅱ－7，Ⅲ－17，Ⅳ－14

坂東　洋行　　名古屋学院大学法学部　教授

　担当：Ⅲ－13，Ⅲ－20，Ⅲ－38，Ⅳ－9

堀野　裕子　　日本大学文理学部　非常勤講師

　担当：Ⅲ－33，Ⅲ－35

南　健悟　　日本大学法学部　教授

　担当：Ⅱ－5，Ⅱ－10，Ⅲ－4，Ⅲ－11，Ⅲ－14，Ⅳ－3

宮﨑　裕介　　日本大学法学部　教授

　担当：Ⅰ－1，Ⅱ－12，Ⅱ－13，Ⅲ－28，Ⅳ－8，Ⅳ－10

山本　将成　　椙山女学園大学現代マネジメント学部　准教授

　担当：Ⅱ－6，Ⅲ－15，Ⅲ－37，Ⅳ－5

編者の大久保拓也は2022年12月１日付けで公認会計士試験試験委員（企業法）に任命されたが，本書で担当した出題と解答は学部生向けの講義を念頭に置いた内容のものであり，また同日以前に執筆されたものである。

〈編者略歴〉

**松嶋　隆弘**（まつしま　たかひろ）

日本大学法学部教授・弁護士（桜川協和法律事務所）
日本大学大学院法学研究科博士前期課程修了後，司法修習等を経て，現職。
日本私法学会理事，公認会計士試験試験委員（企業法）などを歴任。令和元年度会社法改正に関す
　る衆議院法務委員会参考人
［著作］
松嶋隆弘＝大久保拓也編『商事法講義1（第2版）』（2023年，中央経済社），『商事法講義2・3』
　（2020年，中央経済社）〔共著〕
松嶋隆弘編『実務が変わる！　令和改正会社法のまるごと解説』（令和2年，ぎょうせい）
松嶋隆弘＝渡邊涼介編『暗号資産の法律・税務・会計』（令和元年，ぎょうせい）
上田純子＝植松勉＝松嶋隆弘『少数株主権等の理論と実務』（令和元年，勁草書房）
　等多数

**大久保　拓也**（おおくぼ　たくや）

日本大学法学部教授
日本大学大学院法学研究科博士後期課程満期退学。日本大学法学部助手・専任講師・准教授を経て，
　現職。
日本私法学会理事，日本空法学会理事，日本登記法学会監事，公認会計士試験試験委員（企業法）
　等。令和元年度会社法改正に関する参議院法務委員会参考人
［著作］
松嶋隆弘＝大久保拓也編『商事法講義1（第2版）』（2023年，中央経済社），『商事法講義2・3』
　（2020年，中央経済社）〔共著〕
神作裕之ほか編『会社法判例百選（第4版）』別冊ジュリスト254号（2021年，有斐閣）〔共著〕
　等多数

## 商事法講義4　（会社法演習）

2023年4月10日　第1版第1刷発行

| | | |
|---|---|---|
| 編　者 | 松　嶋　隆　弘 |
| | 大久保　拓　也 |
| 発行者 | 山　本　　　継 |
| 発行所 | ㈱中央経済社 |
| 発売元 | ㈱中央経済グループパブリッシング |

〒101-0051　東京都千代田区神田神保町1-31-2
電話　03（3293）3371（編集代表）
　　　03（3293）3381（営業代表）
https://www.chuokeizai.co.jp
印刷／三英印刷㈱
製本／有井上製本所

©2023
Printed in Japan

＊頁の「欠落」や「順序違い」などがありましたらお取り替えいた
　しますので発売元までご送付ください。（送料小社負担）
ISBN978-4-502-45411-0　C3032